AF253096

LES
LETTRES
DE
BLAISE PASCAL

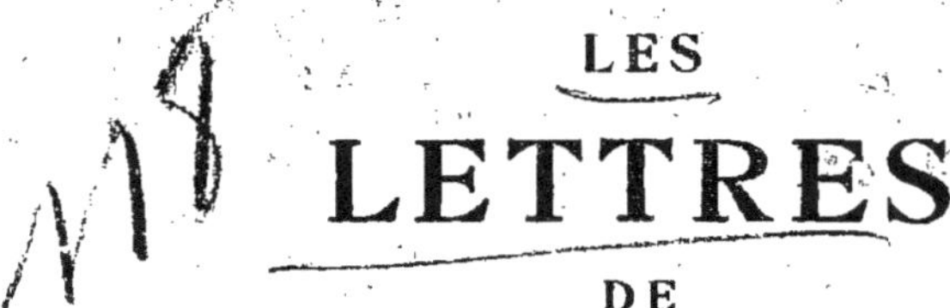

ACCOMPAGNÉES DE

LETTRES

DE SES CORRESPONDANTS

SIXIÈME ÉDITION

PARIS

LES ÉDITIONS G. CRÈS & Cⁱᵉ

21, RUE HAUTEFEUILLE, 21

—

MCMXXII

LES

LETTRES DE BLAISE PASCAL

LES
LETTRES
DE
BLAISE PASCAL

ACCOMPAGNÉES DE

LETTRES

DE SES CORRESPONDANTS

LES ÉDITIONS G. CRÈS & C¹ᵉ
21, RUE HAUTEFEUILLE, 21
PARIS

AVANT-PROPOS

Alors que les Provinciales et les Pensées sont dans toutes les mains, l'ensemble de la correspondance de Blaise Pascal est peu connu du grand public. Nombre d'éditions des Pensées donnent, il est vrai, un choix de lettres de ce rare génie ; d'autres fragments trouvent place dans des ouvrages classiques de mathématiques ; les éditions complètes des Œuvres de Pascal visent seules à donner l'intégralité de sa correspondance. Encore est-il que l'édition Bossut, la première en date (1779) exclut les lettres intimes ; l'édition Lahure a été publiée avant que fussent connues les lettres au P. Lalouère et les lettres à Huygens ; il n'est donc que la grande édition de MM. Léon Brunschvicg, Pierre Boutroux et Félix Gazier (Hachette, 1908 à 1914) où l'on puisse étudier les lettres de Pascal et les problèmes qu'elles soulèvent. Le présent petit livre ne vise aucunement à suppléer ce travail monumental, que l'abondance des informations et la sûreté des commentaires rendront toujours indispensable, et auquel, du reste, nous renvoyons à chaque instant le lecteur. Du moins avons-

nous voulu donner au public une édition maniable et d'un prix accessible.

La correspondance de Pascal, encore que nous n'en ayons que des fragments, est en effet trop importante pour qu'on la puisse négliger. Elle nous livre son auteur tout entier. Et point n'est à distinguer, à cet égard, entre les lettres qui regardent la physique ou les mathématiques, et celles qui ne mettent en scène que l'honnête homme et le chrétien. Chez Pascal, le chrétien, l'honnête homme et le savant, à l'image de la Trinité divine, sont trois qui ne font qu'un. La correspondance avec Fermat sur la règle des partis nous introduit au cœur même de l'argumentation des Pensées, puisque c'est la question capitale de l'existence de Dieu que cette règle permet de trancher. Les lettres sur la question du vide nous élèvent jusqu'au domaine de la logique : elles nous montrent Pascal hésitant à quitter les sentiers qu'a tracés devant lui le consentement universel, parce qu'il ne nous est pas permis « de nous départir légèrement des maximes que nous tenons de l'Antiquité, si nous n'y sommes obligés par des preuves indubitables et invincibles », mais abandonnant ces maximes sous la pression d'une expérience convaincante, parce que « nous devons avoir plus de vénération pour les vérités évidentes que d'obstination pour ces opinions reçues (lettre V) ». Quand on songe qu'entre les hypothèses de Ptolémée, de Tycho, de Copernic, Pascal

*se demande « qui osera faire un si grand discerne-
ment, et qui pourra, sans danger d'erreur, soutenir
l'une au préjudice des autres (lettre III) », on comprend jusqu'où il se montre circonspect, et de quel
poids pèsent ses affirmations.*

*C'est bien parce qu'elles ont été chèrement con-
quises qu'il met tant de vivacité à défendre ses positions. Peut-être, au début, se glisse-t-il dans son
attitude quelque orgueil de savant, mais, après sa
conversion définitive, au fur et à mesure que le vieil
homme meurt en lui, il se défie de plus en plus de
l'esprit propre : « Quand nous voulons par notre
propre mouvement que quelque chose réussisse, nous
nous irritons contre les obstacles, parce que nous
sentons dans ces empêchements ce que le motif qui
nous fait agir n'y a pas mis, et nous y trouvons des
choses que l'esprit propre qui nous fait agir n'y a
pas formées. Mais, quand Dieu fait agir véritablement, nous ne sentons jamais rien au dehors qui ne
vienne du même principe qui nous fait agir ; il n'y
a point d'opposition au motif qui nous presse ; le
même moteur qui nous porte à agir en porte d'autres
à nous résister, au moins il le permet ; de sorte que,
comme nous n'y trouvons point de différence et que
ce n'est pas notre esprit qui combat les événements
étrangers, mais un même esprit qui produit le bien
et qui permet le mal, cette uniformité ne trouble
point la paix d'une âme et est une des meilleures*

marques qu'on agit par l'esprit de Dieu (lettre XLIV).»
Si Pascal mourant se montre intransigeant sur la
question du Formulaire, c'est précisément parce qu'il
abhorre l'esprit propre, et qu'il est en colère « contre
ceux qui veulent absolument que l'on croie la vérité
lorsqu'ils la démontrent, ce que Jésus-Christ n'a pas
fait en son humanité créée (lettre XLIV) ».

On voit par cet exemple comment chez Pascal les
contraires se rejoignent. Il n'est pas simple, heureu-
sement ! et l'on s'expose à bien des méprises si l'on
isole la plupart des lignes qu'il a tracées. Ainsi, lorsqu'il écrit à Fermat (lettre XLI) qu'il trouve la
géométrie le plus haut exercice de l'esprit, mais qu'en
même temps il la considère pour si inutile qu'il fait
peu de différence entre un homme qui n'est que
géomètre et un habile artisan, comment oublier que,
le même jour peut-être, il écrit dans ses Pensées ce
bel éloge d'Archimède : « Archimède, sans éclat,
serait en même vénération. Il n'a pas donné des ba-
tailles pour les yeux, mais il a fourni à tous les esprits ses inventions. Oh ! qu'il a éclaté aux esprits ! »
Au fond, il veut dire que les mathématiques ne sont
pas leur fin à elles-mêmes, et que, quelque appétit
qu'il ait pour elles, elles ne sauraient le rassasier.
Mais il demeure persuadé de leur utilité à titre de
moyen, puisqu'elles lui fournissent des méthodes
propres à démontrer, autant qu'il est possible, les vérités de la religion. Avec tous les mystiques chrétiens,

d'ailleurs, il s'intéressera jusqu'à la fin aux choses de ce monde, car « Dieu a représenté les choses invisibles dans les visibles », et « toutes choses parlent de Dieu à ceux qui le connaissent, et le découvrent à tous ceux qui l'aiment (lettre VIII) ». Moins de deux ans avant sa mort, il écrit à Madame de Sablé l'impatience qu'il a de l'entretenir de la manière dont le médecin Menjot accorde l'immatérialité de l'âme avec le pouvoir qu'a la matière d'altérer ses fonctions et de causer le délire (lettre XLII). Il demeure jusqu'au bout pleinement homme, et rien d'humain ne lui est étranger.

Au témoignage de Madame Perier, il aurait dit à son lit de mort : « J'ai pensé d'avoir céans un pauvre malade, à qui on rende les mêmes services comme à moi, qu'on prenne une garde exprès, et enfin qu'il n'y ait aucune différence de lui à moi, afin que j'aie cette consolation de savoir qu'il y a un pauvre aussi bien traité que moi, dans la confusion que je souffre de me voir dans la grande abondance de toutes choses où je me vois. » Devant son écrasant génie, nous sommes tous comme le pauvre qu'il demandait au curé de sa paroisse de lui envoyer. Au seuil de sa correspondance, pénétrons-nous de son esprit, abandonnons-nous à son influence ; c'est à lui qu'il appartient de nous faire participants des trésors dont elle abonde.

M. le professeur H.-A. Lorentz, secrétaire de la

Société hollandaise des Sciences, à Haarlem, a bien voulu nous donner gracieusement l'autorisation de reproduire les lettres échangées entre Pascal et Huygens. Qu'il veuille bien recevoir ici l'expression de notre gratitude.

Maurice **BEAUFRETON**.

I

De Blaise Pascal a Madame Perier [1]

A Mademoiselle Perier la Conseillère,

à Clermont.

De Rouen, ce samedi dernier janvier 1643.

Ma chère sœur,

Je ne doute pas que vous n'ayez été bien en peine du long temps qu'il y a que vous n'avez reçu de nouvelles de ces quartiers ici. Mais je crois que vous vous serez bien doutés que le voyage des Elus [2] en a été la cause, comme en effet. Sans cela, je n'aurais pas manqué de vous écrire plus souvent. J'ai à te dire que, MM. les Commissaires étant à Gisors, mon père me fit aller faire un tour à Paris où je trouvai une lettre que tu m'écrivais, où tu me mandes que

1. Publiée par Faugère, *Pensées, fragments et lettres de Blaise Pascal;* Paris, 1844; t. I, p. 61. Gilberte Pascal, sœur aînée du grand écrivain, née en 1620, avait épousé en 1641 Florin Perier, conseiller en la Cour des Aides de Clermont. Rappelons que le nom de Madame était réservé aux personnes de condition noble.

2. Officiers royaux subalternes, qui connaissaient en première instance de l'assiette des tailles, aides, subsides, et des différends qui y étaient relatifs. (Dict. de Furetière.)

tu t'étonnes de ce que je te reproche que tu n'écris pas assez souvent, et où tu me dis que tu écris à Rouen toutes les semaines une fois. Il est bien assuré, si cela est, que tes lettres se perdent, car je n'en reçois pas toutes les trois semaines une. Etant retourné à Rouen, j'y ai trouvé une lettre de Monsieur Perier, qui mande que tu es malade. Il ne mande point si ton mal est dangereux, ni si tu te portes mieux, et il s'est passé un ordinaire [1] depuis sans avoir reçu de lettre, tellement que nous en sommes dans une peine dont je le prie de nous tirer au plus tôt ; mais je crois que la prière que je fais ici sera inutile, car, avant que tu aies reçu cette lettre ici, j'espère que nous aurons reçu lettres de toi ou de Monsieur Perier. Le département [2] s'achève, Dieu merci. Si je savais quelque chose de nouveau, je te le ferais savoir. Je suis,

Ma chère sœur,

Votre très humble et très affectionné

serviteur et frère,

PASCAL.

1. Le courrier régulier de la poste. On retrouvera cette expression au début de la lettre XVIII.

2. La répartition des tailles, aides et gabelles entre les paroisses de la généralité de Rouen.

Ici ce post-scriptum de la main d'Etienne Pascal, le père : Ma bonne fille m'excusera si je ne lui écris comme je le désirerais, n'y ayant aucun loisir. Car je n'ai jamais été dans l'embarras à la dixième partie de ce que j'y suis à présent. Je ne saurais l'être davantage à moins d'en avoir trop ; il y a quatre mois que je ne me suis pas couché six fois devant deux heures après minuit.

Je vous avais commencé dernièrement une lettre de raillerie sur le sujet de la vôtre dernière, touchant le mariage de M. Desjeux, mais je n'ai jamais eu le loisir de l'achever. Pour nouvelles, la fille de Monsieur de Paris, maître des comptes, mariée à Monsieur de Neufville, aussi maître des comptes, est décédée, comme aussi la fille de Belair, mariée au petit Lambert. Votre petit a couché céans cette nuit. Il se porte Dieu grâces très bien. Je suis toujours

Votre bon et excellent ami,

PASCAL.

II

Première lettre du P. Noël à Blaise Pascal [1]

A Monsieur Pascal, à Paris.

Monsieur,

J'ai lu vos *Expériences touchant le vide* [2], que j'estime fort belles et ingénieuses, mais je n'entends pas ce *vide apparent* qui paraît dans le tube après la descente, soit de l'eau, soit du vif-argent. Je dis que c'est un corps, puisqu'il a les actions d'un corps, qu'il transmet la lumière avec réfractions et réflexions, qu'il apporte du retardement au mouvement d'un autre corps, ainsi qu'on peut remarquer en la descente du vif-argent, quand le tube plein de ce vide par le haut est renversé ; c'est donc un corps qui prend

1. Les lettres relatives à la polémique avec le P. Noël ont été publiées en 1779 par l'abbé Bossut, dans la première édition des *Œuvres de Blaise Pascal*, à la Haye, chez Detune, en 5 volumes in-8. Le P. Noël, né en 1581, était entré dans la Compagnie de Jésus en 1599. En octobre 1647, au moment où il écrivit la lettre qu'on va lire, il était recteur du collège de Clermont, à Paris. Il mourut à la Flèche le 16 octobre 1659.

2. *Expériences nouvelles touchant le vuide... dedié à Monsieur Pascal, conseiller du Roy, en ses Conseils d'Estat et Privé, par le sieur B. P., son fils. A Paris, chez Pierre Margat, au quay de Gesvres, à l'Oyseau de Paradis.* MDCXLVII ; vi-30 p.

la place du vif-argent. Il faut maintenant voir
quel est ce corps.

Présupposons que, comme le sang qui est dans
les veines d'un corps vivant est mélangé de bile,
de pituite, de mélancolie et de sang, qui, pour
sa plus notable quantité, donne au mélange le
nom de *sang* ; de même l'air que nous respirons
est mélangé de feu, d'eau, de terre et d'air, qui,
pour sa plus grande quantité, lui donne le nom
d'air. C'est le sens commun des physiciens, qui
enseignent que les éléments sont mélangés. Or,
tout ainsi que ce mélange qui est dans nos
veines est un mélange naturel au corps humain,
fait et entretenu par le mouvement et action
du corps qui le rétablit, s'il est altéré, par
exemple, de crainte ou de honte ; de même ce
mélange qui est dans notre air est un mélange
naturel au monde, fait et entretenu par le mouvement et action du soleil, qui le rétablit s'il
est empêché par quelque violence. Donc, tout
ainsi que la séparation des parties qui composent notre sang se peut faire dans les veines
par quelque accident, comme elle se fait ès ébul-
litions qui séparent le plus subtil dans le grossier ; de même la séparation des parties qui
composent notre air peut se faire dans le

monde par quelque violence. J'appelle *violence*
tout ce qui sépare ces corps naturellement unis
et mêlés par ensemble, laquelle ôtée, les parties
se rejoignent et se mêlent comme auparavant,
si leur nature n'est changée par la force et longueur de cette violence.

Je dis donc que dans le mélange naturel du
corps que nous respirons, il y a du feu, qui est
de sa nature plus subtil et plus rare que l'air ;
et de l'air, lequel étant séparé de l'eau et de la
terre, est plus subtil et plus rare que mélangé
avec l'un et l'autre, et partant peut pénétrer
des corps et passer à travers les pores, étant
séparé, qu'il ne pourrait pas étant mélangé. Si
donc il se trouve une cause de cette séparation,
la même pourra faire passer l'air séparé par des
pores trop petits pour son passage, étant mélangé. Présupposons une chose vraie, que le
verre a grande quantité de pores, que nous col-
ligeons non seulement de la lumière qui pénètre
le verre plus que dans d'autres corps moins solides dont les pores sont moins fréquents,
quoique plus grands, mais aussi d'une infinité
de petits corps différents du verre que vous
remarquez dans ces triangles qui font paraître
les iris, et de ce qu'une bouteille de verre bou-

chée hermétiquement ne se casse point en un feu lent sur des cendres chaudes.

Or, ces pores du verre si fréquents sont si petits que l'air mélangé ne saurait passer à travers ; mais étant séparé et plus épuré de la terre et de l'eau, il pourra pénétrer le verre, comme le fil de fer, tandis qu'il est un peu trop gros, ne peut passer à travers le petit trou de filière, mais étant par force et violence menuisé, il passe facilement : l'eau boueuse ne passera pas à travers un linge bien tissu, où elle passe facilement étant séparée. La chausse d'Hippocrate [1] et la filtration nous font toucher au doigt cette séparation des corps mélangés. Or, voici la force et la violence qui tire l'air de son mélange naturel, et le fait pénétrer le verre : le vif-argent qui remplit le tube et touche l'air subtil et igné que la fournaise a mis dans le verre, et dont les pores sont remplis, descendant par sa gravité, tire après soi quelques corps ; autrement il ne descend pas, comme il appert au vif-argent, qui est retenu jusques à deux pieds, et à l'eau qui ne descend pas même au trentième, leur gravité n'étant pas suffisante pour tirer l'air hors de son mélange naturel. Si donc le vif-argent descend,

1. Sac de feutre servant à filtrer l'hypocras.

il tire après soi un autre corps, selon votre première maxime page 19, que tous les corps ont
répugnance à se séparer l'un de l'autre. Ce corps
tiré et suivant n'est pas le verre, puisqu'il demeure à sa place et ne casse point ; l'air qui est
dans ces pores, contigu au vif-argent, peut
suivre, mais il ne suit pas qu'il n'en tire un
autre qui passe par les pores du verre et les
remplit : pour y passer, il faut qu'il soit épuré ;
c'est l'ouvrage de cet air subtil qui remplissait
les petits pores du verre, lequel étant tiré par
une force majeure et suivant le vif-argent, tire
après soi par continuité et connexité son voisin,
l'épurant du plus grossier qui reste dehors dans
une même constitution, constitution violentée
par la séparation du plus subtil, et demeure
autour du verre attaché à celui qui est entré,
lequel étant dans une dilatation violente à l'état
naturel qui lui est dû dans ce monde, est toujours poussé, par le mouvement et dépendance
du soleil, à se rejoindre à l'autre et reprendre
son mélange naturel, se joignant à cet autre
qui le hérisse, poussé du même principe ; et
portant l'un et l'autre, sitôt que la violence est
ôtée, reprend son mélange et sa place : ainsi,
quand on bande un arc, on en fait sortir des

esprits qui lui sont naturels par sa partie con-
cave qui est pressée, et en fait-on entrer d'autres
qui ne lui sont pas naturels par sa partie con-
vexe qui est dilatée ; les uns et les autres, demeurant à l'air, cherchent leur place naturelle ;
et aussitôt que la violence qui tient l'arc tendu
est ôtée, les naturels rentrent, les étrangers
sortent, et l'arc se redresse.

Nous avons une séparation et réunion sensible
en une éponge pleine d'eau dans le fond de
quelque bassin qui n'ait de l'eau que ce qui est
dans l'éponge. Si vous pressez cette éponge avec
violence, vous en faites sortir de l'eau qui demeure auprès d'elle séparée ; sitôt que vous ôtez
cette compression, le mélange se fait de
l'éponge avec l'eau par la dilatation naturelle à
l'éponge même par sa nature et se remplit de
l'eau qui lui est présentée.

Si donc on me demande quel corps entre, le
tube descendant, je dirai que c'est un air épuré
qui entre par les petits pores du verre, contraint à cette séparation du grossier par la pesanteur du vif-argent descendant et tirant après soi
l'air subtil qui remplissait les pores du verre, et
celui-ci tiré par violence, traînant après soi le
plus subtil qui lui est joint et congénère, jus-

ques à remplir la partie abandonnée par le vif-
argent.

Or cette séparation étant violente à l'autre
air, à celui qui demeure dehors, tiré et attaché
au verre et à celui qui est entré dans le tube,
l'un et l'autre reprend son mélange aussitôt que
cette pesanteur est ôtée ; mais, tandis que cette
pesanteur du vif-argent continue, son effet, qui
est cette attraction et épuration de l'air, continue
aussi, comme le poids d'une balance, élevé par
un autre plus pesant, ne descend pas que cet
autre poids qui l'empêche de descendre ne soit
ôté.

Ce discours combat votre proposition 6, page
25, où vous dites que l'espace vide en apparence
n'est pas plein d'un air pur, subtil, mêlé parmi
l'air extérieur, qui « étant détaché, et entré par
les pores du verre, tendrait toujours à y retourner, ou y serait sans cesse attiré » ; et votre 8,
« que l'espace vide en apparence n'est rempli
d'aucune des matières qui sont connues dans la
nature et qui tombent sous aucun des sens ».
Si mon discours, que je vous laisse à considérer,
est vrai, ces deux propositions ne le sont pas.
L'air épuré est une matière connue dans la
nature ; et cet air prend la place du vif-argent.

Venons aux objections que vous avez mises en la page 30 et 31, contre vos sentiments. Je dis que la première est très considérable. En effet, cette proposition, qu'un espace est vide, prenant le vide pour une privation de tout corps, non seulement répugne au sens commun, mais de plus se contredit manifestement : elle dit que ce vide est espace, et ne l'est pas. On présuppose qu'il est espace ; or s'il est espace, il n'est pas ce vide qui est privation de tout corps, puisque tout espace est nécessairement corps : qui entend ce qui est corps, entend comme corps un composé de parties les unes hors les autres, les unes hautes, les autres basses, les unes à droite, les autres à gauche, un composé long, large, profond, figuré, grand ou petit ; et qui entend ce qui est espace comme espace, entend, quoi qu'on dise, un composé de parties, les unes hors les autres, basses, hautes, à gauche, à droite, d'une telle longueur, largeur, profondeur, figuré entre les extrémités dont il est intervalle : de sorte que l'espace ou intervalle n'est pas seulement corps, mais corps entre deux ou plusieurs corps. Si donc, par ce mot vide, nous entendons une privation de tout corps, ce qui est le sens de l'objection, cette présupposition qu'un espace est vide, se détruit soi-même et se contredit ; mais ce mot de vide, comme il se prend communément, est un espace invisible tel qu'est l'air : ainsi disons-nous d'une bourse, d'un tonneau, d'une cave, d'une chambre et autres semblables, que tout cela est vide quand il n'y a que l'air ; tellement que l'air, à cause qu'il est invisible, se prend pour espace vide ; mais d'autant qu'il est espace, nous concluons qu'il est corps, grand, petit, rond, carré, et ces différences qui ne s'attachent point au vide, pris pour une privation de tout corps, et par conséquent pour un néant dont Aristote parle, quand il dit : *Non entis non sunt differentiæ.*

Votre deuxième objection [1] ne vous donnera pas grand'peine : vous avouerez facilement que la nature, non pas en son total, mais en ses parties, souffre violence par le mouvement des unes qui surmontent la résistance des autres ; c'est de quoi Dieu se sert pour l'ornement et la variété du monde.

La troisième [2], que les expériences journalières

1. « Que cette proposition, que la Nature abhorre le vide, et néanmoins l'admet, l'accuse d'impuissance, ou implique contradiction. »

2. « Qu'une matière imperceptible, inouïe et inconnue à tous les sens, remplit cet espace. »

font paraître que la nature ne souffre point de vide, est forte. Je ne crois pas que la quatrième [1] soit d'aucun physicien.

La cinquième est une preuve péremptoire du plein, puisque la lumière, ou plutôt l'illumination, est un mouvement luminaire des rayons, composés des corps lucides qui remplissent les corps transparents, et ne sont mus luminairement que par d'autres corps lucides, comme la poudre d'acier n'est remuée magnétiquement que par l'aimant : or cette illumination se trouve dans l'intervalle abandonné du vif-argent ; il est donc nécessaire que ces intervalles soient un corps transparent. En effet c'en est un, puisqu'il est air.

Voilà, Monsieur, ce que j'ai cru devoir à votre curiosité si obligeante, qui semble demander quel corps est ce vide apparent, plutôt qu'assurer qu'il n'est pas corps : ce que j'ai dit de la violence faite par la pesanteur du vif-argent ou de l'eau se doit entendre de toutes les autres violences qui se rencontrent dans toutes

1. « Que la lumière étant un accident ou une substance, il n'est pas possible qu'elle se soutienne dans le vide, si elle est un accident ; et qu'elle remplît l'espace vide en apparence, si elle est une substance. »

vos autres expériences, où l'entrée subtile de
ces petits corps d'air et de feu qui sont partout,
paraissant moins aux sens qu'à la raison, fait
conjecturer un vide qui soit une privation de
tout corps. Quoi qu'il en soit, vous avez examiné
une vérité très importante à ceux qui font la
recherche des choses naturelles, et par cet examen, obligé le public, et moi particulièrement
qui suis,

Monsieur,
Votre très humble et obéissant serviteur
selon Dieu,

ESTIENNE NOËL,
de la Compagnie de Jésus.

III

De Blaise Pascal au P. Noël
Au très bon Révérend Père Noël, Recteur,
de la Société de Paris, à Paris.

Mon très Révérend Père,

L'honneur que vous m'avez fait de m'écrire me fait rompre le dessein que j'avais fait de ne résoudre aucune des difficultés que j'ai rapportées dans mon *abrégé*, que dans le traité entier où je travaille ; car, puisque les civilités de votre lettre sont jointes aux objections que vous m'y faites, je ne puis partager ma réponse, ni reconnaître les unes, sans satisfaire aux autres.

Mais, pour le faire avec plus d'ordre, permettez-moi de vous rapporter une règle universelle, qui s'applique à tous les sujets particuliers, où il s'agit de reconnaître la vérité. Je ne doute pas que vous n'en demeuriez d'accord, puisqu'elle est reçue généralement de tous ceux qui envisagent les choses sans préoccupation ; et qu'elle fait la principale de la façon dont on traite les sciences dans les écoles, et celle qui est en usage parmi les personnes qui recherchent ce qui est véritablement solide et qui remplit et satisfait pleinement l'esprit : c'est qu'on ne doit jamais porter un jugement décisif de la négative ou de l'affirmative d'une proposition, que ce que l'on affirme ou nie n'ait une de ces deux conditions : savoir, ou qu'il paraisse si clairement et si distinctement de soi-même aux sens ou à la raison, suivant qu'il est sujet à l'un ou à l'autre, que l'esprit n'ait aucun moyen de douter de sa certitude, et c'est ce que nous appelons *principes* ou *axiomes* ; comme, par exemple, *si à choses égales on ajoute choses égales, les touts seront égaux* ; ou qu'il se déduise par des conséquences infaillibles et nécessaires de tels principes ou axiomes, de la certitude desquels dépend toute celle des conséquences qui en sont bien tirées ; comme cette proposition : *les trois angles d'un triangle sont égaux à deux angles droits*, qui, n'étant pas visible d'elle-même, est démontrée évidemment par des conséquences infaillibles de tels axiomes. Tout ce qui a une de ces deux conditions est certain et véritable, et tout ce qui n'en a aucune passe pour douteux et incertain. Et nous portons un jugement décisif des choses de la première sorte et laissons les autres dans l'indécision, si bien que nous les appelons, suivant leur mérite, tantôt *vision* tantôt *caprice*, parfois *fantaisie*, quelquefois *idées*, et tout au plus *belle pensée*, et parce qu'on ne peut les affirmer sans témérité, nous penchons plutôt vers la négative : prêts néanmoins de revenir à l'autre, si une démonstration évidente nous en fait voir la vérité. Et nous réservons pour les mystères de la foi, que le Saint-Esprit a lui-même révélés, cette soumission d'esprit qui porte notre croyance à des mystères cachés aux sens et à la raison.

Cela posé, je viens à votre lettre, dans les premières lignes de laquelle, pour prouver que cet espace est corps, vous vous servez de ces termes : *Je dis que c'est un corps, puisqu'il a les actions d'un corps, qu'il transmet la lumière avec réfractions et réflexions, qu'il apporte du retardement au mouvement d'un autre corps ;* où je remarque que, dans le dessein que vous avez de prouver que c'est un corps, vous prenez pour principes deux choses : la première est, qu'il transmet la lumière avec réfractions et réflexions ; la seconde, qu'il retarde le mouvement d'un corps. De ces deux principes, le premier n'a paru véritable à aucun de ceux qui l'ont voulu éprouver, et nous avons toujours remarqué, au contraire, que le rayon qui pénètre le

verre et cet espace n'a point d'autre réfraction
que celle que lui cause le verre, et qu'ainsi, si
quelque matière le remplit, elle ne rompt en
aucune sorte le rayon, ou sa réfraction n'est pas
perceptible. De sorte que, comme il est sans
doute que vous n'avez rien éprouvé de contraire,
je vois que le sens de vos paroles est que le
rayon réfléchi, ou rompu par le verre, passe à
travers cet espace ; et que de là et de ce que les
corps y tombent avec temps, vous voulez conclure qu'une matière le remplit, qui porte cette
lumière et cause ce retardement.

Mais, mon Révérend Père, si nous rapportons
cela à la méthode de raisonner dont nous avons
parlé, nous trouverons qu'il faudrait auparavant
être demeuré d'accord de la définition de l'espace vide, de la lumière et du mouvement, et
montrer par la nature de ces choses une contradiction manifeste dans ces propositions : « Que
la lumière pénètre un espace vide, et qu'un
corps s'y meut avec temps. » Jusque là votre
preuve ne pourra subsister ; et puisqu'outre cela
la nature de la lumière est inconnue, et à vous,
et à moi ; que de tous ceux qui ont essayé de la
définir, pas un n'a satisfait aucun de ceux qui
cherchent les vérités palpables, et qu'elle nous

demeurera peut-être éternellement inconnue, je
vois que cet argument demeurera longtemps
sans recevoir la force qui lui est nécessaire pour
devenir convaincant.

Car considérez, je vous prie, comment il est
possible de conclure infailliblement que la nature de la lumière est telle qu'elle ne peut subsister dans le vide, lorsque l'on ignore la nature
de la lumière. Que si nous la connaissions aussi
parfaitement que nous l'ignorons, nous con-
naîtrions, peut-être, qu'elle subsisterait dans le
vide avec plus d'éclat que dans aucun autre
medium, comme nous voyons qu'elle augmente
sa force suivant que le *medium* où elle est
devient plus rare, et ainsi en quelque sorte plus
approchant du néant. Et si nous savions celle
du mouvement, je ne fais aucun doute qu'il ne
nous parût qu'il se dût se faire dans le vide
avec presque autant de temps que dans l'air,
dont l'irrésistance paraît dans l'égalité de la
chute des corps différemment pesants.

C'est pourquoi, dans le peu de connaissance
que nous avons de la nature de ces choses, si,
par une semblable liberté, je conçois une pensée,
que je donne pour principe, je puis dire avec
autant de raison : la lumière se soutient dans le

vide, et le mouvement s'y fait avec temps ; or la lumière pénètre l'espace vide en apparence, et le mouvement s'y fait avec temps ; donc il peut être vide en effet.

Ainsi remettons cette preuve au temps où nous aurons l'intelligence de la nature de la lumière. Jusque là je ne puis admettre votre principe, et il vous sera difficile de le prouver ; et ne tirons point, je vous prie, de conséquences infaillibles de la nature d'une chose, lorsque nous l'ignorons ; autrement je craindrais que vous ne fussiez pas d'accord avec moi des conditions nécessaires pour rendre une démonstration parfaite, et que vous n'appelassiez certain ce que nous n'appelons que douteux.

Dans la suite de votre lettre, comme si vous aviez établi invinciblement que cet espace vide est un corps, vous ne vous mettez plus en peine que de chercher quel est ce corps ; et pour décider affirmativement quelle matière le remplit, vous commencez par ces termes : « Présupposons que, comme le sang est mêlé de plusieurs liqueurs qui le composent, ainsi l'air est composé d'air et de feu, et des quatre éléments qui entrent en la compositon de tous les corps de la nature. » Vous *présupposez* ensuite que ce feu peut être séparé de l'air, et qu'en étant séparé, il peut pénétrer les pores du verre ; vous *présupposez* encore qu'en étant séparé, il a inclination à y retourner, et encore qu'il y est sans cesse attiré ; et vous expliquez ce discours, assez intelligible de soi-même, par des comparaisons, que vous y ajoutez.

Mais, mon Père, je crois que vous donnez cela pour une pensée, et non pas pour une démonstration ; et quelque peine que j'aie d'accommoder la pensée que j'en ai avec la fin de votre lettre, je crois que, si vous vouliez donner des preuves, elles ne seraient pas si peu fondées. Car en ce temps où un si grand nombre de personnes savantes cherchent avec tant de soin quelle matière remplit cet espace, que cette difficulté agite aujourd'hui tant d'esprits, j'aurais peine à croire que, pour apporter une solution si désirée à un si grand et si juste doute, vous ne donnassiez autre chose qu'une matière dont vous supposez non seulement les qualités, mais encore l'existence même ; de sorte que qui *présupposera* le contraire tirera une conséquence contraire aussi nécessairement. Si cette façon de prouver est reçue, il ne sera plus difficile de résoudre les plus grandes difficultés. Et le flux de la mer et l'attraction de l'aimant deviendront aisés à comprendre, s'il est permis de faire des matières et des qualités exprès.

Car toutes les choses de cette nature, dont l'existence ne se manifeste à aucun des sens, sont aussi difficiles à croire qu'elles sont faciles à inventer. Beaucoup de personnes, et des plus savantes mêmes de ce temps, m'ont objecté cette même matière que vous, (mais comme une simple pensée, et non pas comme une vérité constante), et c'est pourquoi j'en ai fait mention dans mes propositions. D'autres, pour remplir de quelque matière l'espace vide, s'en sont figuré une dont ils ont rempli tout l'univers, parce que l'imagination a cela de propre, qu'elle produit avec aussi peu de peine et de temps les plus grandes choses que les petites ; quelques-uns l'ont faite de même substance que le ciel et les éléments ; et les autres, d'une substance différente, suivant leur fantaisie, parce qu'ils en disposaient comme de leur ouvrage.

Que si on leur demande, comme à vous, qu'ils nous fassent voir cette matière, ils répondent qu'elle n'est pas visible ; si l'on demande qu'elle rende quelque son, ils disent qu'elle ne

peut être ouïe, et ainsi de tous les autres sens ;
et pensent avoir beaucoup fait, quand ils ont
pris les autres dans l'impuissance de montrer
qu'elle n'est pas, en s'ôtant à eux-mêmes tout
pouvoir de leur montrer qu'elle est.

Mais nous trouvons plus de sujet de nier son
existence, parce qu'on ne peut pas la prouver,
que de la croire, par la seule raison qu'on ne
peut montrer qu'elle n'est pas.

Car on ne peut les croire toutes ensemble,
sans faire de la nature un monstre, et comme
la raison ne peut pencher plus vers une que
vers l'autre, à cause qu'elle les trouve également
éloignées, elle les refuse toutes, pour se
défendre d'un injuste choix.

Je sais que vous pouvez dire que vous n'avez
pas fait tout seul cette matière, et que quantité
de physiciens y avaient déjà travaillé ; mais sur
les sujets de cette matière nous ne faisons aucun
fondement sur les autorités : quand nous citons
les auteurs, nous citons leurs démonstrations,
et non pas leurs noms ; nous n'y avons nul
égard que dans les matières historiques ; si bien
que si les auteurs que vous alléguez disaient
qu'ils ont vu ces petits corps ignés, mêlés
parmi l'air, je déférerais assez à leur sincérité

et à leur fidélité, pour croire qu'ils sont véritables, et je les croirais comme historiens ; mais, puisqu'ils disent seulement qu'ils pensent que l'air en est composé, vous me permettrez de demeurer dans mon premier doute.

Enfin, mon Père, considérez, je vous prie, que tous les hommes ensemble ne sauraient démontrer qu'aucun corps succède à celui qui quitte l'espace vide en apparence, et qu'il n'est pas possible encore à tous les hommes de montrer que, quand l'eau y remonte, quelque corps en soit sorti. Cela ne suffirait-il pas, suivant vos maximes, pour assurer que cet espace est vide ? Cependant je dis simplement que mon sentiment est qu'il est vide, et jugez si ceux qui parlent avec tant de retenue d'une chose où ils ont droit de parler avec tant d'assurance pourront faire un jugement décisif de l'existence de cette matière ignée, si douteuse et si peu établie.

Après avoir supposé cette matière avec toutes les qualités que vous avez voulu lui donner, vous rendez raison de quelques-unes de mes expériences. Ce n'est pas une chose bien difficile d'expliquer comment un effet peut être produit, en supposant la matière, la nature et les qualités de sa cause ; cependant il est difficile que ceux qui se les figurent se défendent d'une vaine complaisance et d'un charme secret qu'ils trouvent dans leur invention, principalement quand il les ont si bien ajustées, que, des imaginations qu'ils ont supposées, ils concluent nécessairement des vérités déjà évidentes.

Mais je me sens obligé de vous dire deux mots sur ce sujet : c'est que toutes les fois que, pour trouver la cause de plusieurs phénomènes connus, on pose une hypothèse, cette hypothèse peut être de trois sortes.

Car quelquefois on conclut un absurde [1] manifeste de sa négation, et alors l'hypothèse est véritable et constante ; ou bien on conclut un absurde manifeste de son affirmation, et lors l'hypothèse est tenue pour fausse ; et lorsqu'on n'a pu encore tirer d'absurde, ni de sa négation, ni de son affirmation, l'hypothèse demeure douteuse ; de sorte que, pour faire qu'une hypothèse soit évidente, il ne suffit pas que tous les phénomènes s'en ensuivent, au lieu que, s'il

---

1. Bossut a mis *absurdité;* M. Léon Brunschvicg rétablit *absurde* comme substantif, sur la foi du manuscrit f. fr. 12.449 de la Bibliothèque Nationale. On dit encore aujourd'hui *démontrer une proposition par l'absurde.*

s'ensuit quelque chose de contraire à un seul des phénomènes, cela suffit pour assurer de sa fausseté.

Par exemple, si l'on trouve une pierre chaude sans savoir la cause de sa chaleur, celui-là serait-il tenu en avoir trouvé la véritable, qui raisonnerait de cette sorte : Présupposons que cette pierre ait été mise dans un grand feu, dont on l'ait retirée depuis peu de temps ; donc cette pierre doit être encore chaude : or elle est chaude ; par conséquent elle a été mise au feu ? Il faudrait pour cela que le feu fût l'unique cause de sa chaleur ; mais comme elle peut procéder du soleil et de la friction, sa conséquence serait sans force. Car comme une même cause peut produire plusieurs effets différents, un même effet peut être produit par plusieurs causes différentes. C'est ainsi que, quand on discourt humainement du mouvement, de la stabilité de la terre, tous les phénomènes des mouvements et rétrogradations des planètes s'ensuivent parfaitement des hypothèses de Ptolemée, de Tycho, de Copernic et de beaucoup d'autres qu'on peut faire, de toutes lesquelles une seule peut être véritable. Mais qui osera faire un si grand discernement, et qui pourra, sans

danger d'erreur, soutenir l'une au préjudice des
autres comme, dans la comparaison de la pierre,
qui pourra, avec opiniâtreté, maintenir que le
feu ait causé sa chaleur, sans se rendre ridicule ?

Vous voyez par là qu'encore que de votre
hypothèse s'ensuivissent tous les phénomènes
de mes expériences, elle serait de la nature des
autres ; et que, demeurant toujours dans les
termes de la vraisemblance, elle n'arriverait jamais à ceux de la démonstration. Mais j'espère
vous faire un jour voir plus au long que de son
affirmation s'ensuivent absolument les choses
contraires aux expériences. Et pour vous en
toucher ici une en peu de mots : s'il est vrai,
comme vous le supposez, que cet espace soit
plein de cet air, plus subtil et igné, et qu'il ait
l'inclination que vous lui donnez, de rentrer
dans l'air d'où il est sorti, et que cet air extérieur ait la force de le retirer *comme une
éponge pressée*, et que ce soit par cette attraction mutuelle que le vif-argent se tienne suspendu, et qu'elle le fait remonter même quand
on incline le tuyau : il s'ensuit nécessairement
que quand l'espace vide en apparence sera plus
grand, une plus grande hauteur de vif-argent

doit être suspendue (contre ce qui paraît dans les expériences). Car puisque toutes les parties de cet air intérieur et extérieur ont cette qualité attractive, il est constant, par toutes les règles de la mécanique, que leur quantité, augmentée à même mesure que l'espace, doit nécessairement augmenter leur effet, comme une grande éponge pressée attire plus d'eau qu'une petite.

Que si, pour résoudre cette difficulté, vous faites une seconde supposition, et que vous fassiez encore une qualité exprès pour sauver cet inconvénient, qui, ne se trouvant pas encore assez juste, vous oblige d'en figurer une troisième pour sauver les deux autres, sans aucune preuve, sans aucun établissement, je n'aurai jamais autre chose à vous répondre que ce que je vous ai déjà dit, ou plutôt je croirai y avoir déjà répondu.

Mais, mon Père, quand je dis ceci, et que je préviens en quelque sorte ces dernières suppositions, je fais moi-même une supposition fausse, ne doutant pas que, s'il part quelque chose de vous, il sera appuyé sur des raisons convaincantes, puisque autrement ce serait imiter ceux qui veulent seulement faire voir qu'ils ne manquent pas de paroles.

Enfin, mon Père, pour reprendre toute ma réponse, quand il serait vrai que cet espace fût un corps (ce que je suis très éloigné de vous accorder), et que l'air serait rempli d'esprits ignés (ce que je ne trouve pas simplement vraisemblable), et qu'ils auraient les qualités que vous leur donnez (ce n'est qu'une pure pensée, qui ne paraît évidente ni à vous, ni à personne), il ne s'ensuivrait pas de là que l'espace en fût rempli. Et quand il serait vrai encore qu'en supposant qu'il en fût plein (ce qui ne paraît en façon quelconque), on pourrait en déduire tout ce qui paraît dans les expériences, le plus favorable jugement que l'on pourrait faire de cette opinion, serait de la mettre au rang des vraisemblables. Mais comme on en conclut nécessairement des choses contraires aux expériences, jugez quelle place elle doit tenir entre les trois sortes d'hypothèses dont nous avons parlé tantôt.

Vers la fin de votre lettre, pour définir le corps, vous n'en expliquez que quelques accidents, et encore respectifs, comme de *haut*, de *bas*, de *droit*, de *gauche*, qui font proprement la définition de l'espace, et qui ne conviennent au corps qu'en tant qu'il occupe de l'espace. Car, suivant vos auteurs mêmes, le corps est défini *ce qui est composé de matière et de forme ;* et ce que nous appelons un *espace vide* est un espace ayant longueur, largeur et profondeur, immobile et capable de recevoir et contenir un corps de pareille longueur et figure ; et c'est ce qu'on appelle *solide* en géométrie, où l'on ne considère que les choses abstraites et immatérielles. De sorte que la différence essentielle qui se trouve entre l'espace vide et le corps, qui a longueur, largeur et profondeur, est que l'un est immobile et l'autre mobile ; et que l'un peut recevoir au dedans de soi un corps qui pénètre ses dimensions, au lieu que l'autre ne le peut ; car la maxime que la pénétration de dimensions est impossible s'entend seulement des dimensions de deux corps matériels : autrement elle ne serait pas universellement reçue. D'où l'on peut voir qu'il y a autant de différence entre le néant et l'espace vide, que de l'espace vide au corps matériel ; et qu'ainsi l'espace vide tient le milieu entre la matière et le néant. C'est pourquoi la maxime d'Aristote dont vous parlez, *que les non êtres ne sont point différents,* s'entend du véritable néant, et non pas de l'espace vide.

Je finis avec votre lettre, où vous dites que vous ne voyez pas que la quatrième de mes objections, qui est qu'une matière inouïe et inconnue à tous les sens remplit cet espace, *soit d'aucun physicien*. A quoi j'ai à vous répondre que je puis vous assurer du contraire, puisqu'elle est d'un des plus célèbres de notre temps [1] et que vous avez pu voir dans ses écrits, qui établit dans tout l'univers une matière universelle, imperceptible et inouïe, de pareille substance que le ciel et les éléments ; et de plus, qu'en examinant la vôtre, j'ai trouvé qu'elle est si imperceptible, et qu'elle a des qualités si inouïes, c'est-à-dire qu'on ne lui avait jamais données, que je trouve qu'elle est de même nature.

La période qui précède vos dernières civilités définit la lumière en ces termes : *La lumière est un mouvement luminaire de rayons composés de corps lucides, c'est-à-dire lumineux ;* où j'ai à vous dire qu'il me semble qu'il faudrait avoir premièrement défini ce que c'est

1. Descartes, dans le Discours 1er des *Météores* et dans les *Principes*, part. II, § 22 et part. III, § 52.

que *luminaire*, et ce que c'est que *corps lucide*
ou *lumineux* : car jusque là je ne puis entendre
ce que c'est que lumière. Et comme nous n'employons jamais dans les définitions le terme du
défini, j'aurais peine à m'accommoder à la
vôtre, qui dit que la *lumière* est un mouvement
luminaire des corps *lumineux*[1]. Voilà, mon
Père, quels sont mes sentiments, que je soumettrai toujours aux vôtres.

Au reste, on ne peut vous refuser la gloire
d'avoir soutenu la physique péripatéticienne
aussi bien qu'il est possible de le faire ; et je
trouve que votre lettre n'est pas moins une
marque de la faiblesse de l'opinion que vous
défendez, que de la vigueur de votre esprit.

Et certainement l'adresse avec laquelle vous
avez défendu l'impossibilité du vide dans le peu
de force qui lui reste fait aisément juger qu'avec
un pareil effort vous auriez invinciblement éta-

1. C'est en pensant au P. Noël que Pascal écrira plus
tard, dans le premier fragment sur l'Esprit Géométrique :
« Il y en a qui vont jusqu'à cette absurdité d'expliquer
un mot par le mot même. J'en sais qui ont défini la lumière en cette sorte : « La lumière est un mouvement
luminaire des corps lumineux » ; comme si on pouvait
entendre les mots de luminaire et de lumineux sans
celui de lumière. »

bli le sentiment contraire dans les avantages que les expériences lui donnent.

Une même indisposition m'a empêché d'avoir l'honneur de vous voir et de vous écrire de ma main. C'est pourquoi je vous prie d'excuser les fautes qui s'y rencontreront dans cette lettre, surtout à l'orthographe.

Je suis de tout cœur,

Mon très Révérend Père,

Votre très humble et très obéissant serviteur,

PASCAL.

Paris, ce 29 Octobre 1647.

IV

Seconde lettre du P. Noël à Blaise Pascal

Monsieur,

Celle dont il vous a plu m'honorer me fut
rendue jeudi au soir entre cinq et six, par un
de nos Pères. Je l'ai lue avec admiration qu'en
si peu de temps et incommodé de votre santé,
vous ayez répondu de point en point à toute
ma lettre ; et avec un singulier contentement
que vous procédiez à la recherche de la vérité
si généreusement et si méthodiquement, et
m'ayez, avec tant de civilité, fait part de vos
pensées touchant le vide. Je vous remercie très
humblement et de tout mon cœur ; j'aime la
vérité, et la recherche sans préoccupation, dans
vos sentiments, de la façon dont on traite la
science dans les écoles et de celle qui est en
usage parmi les personnes qui veulent voir, et
non pas croire, ce qui se peut savoir. Je me sens
obligé à vous dire ce qui m'est venu en l'esprit
après les lumières que m'a données la lecture
de votre lettre vraiment docte, claire et cour-
toise ; et pour commencer par la définition de

l'espace vide, qui semble être le fondement
de tout le reste, je rapporterai vos paroles :

« Ce que nous appelons un espace vide est
un espace ayant longueur, largeur et profondeur, immobile et capable de recevoir et contenir un corps de pareille longueur et figure ;
et c'est ce qu'on appelle solide en géométrie, où
l'on ne considère que les choses abstraites et
immatérielles. De la sorte que la différence
essentielle qui se trouve entre l'espace vide et
le corps matériel, qui a longueur, largeur et
profondeur, est que l'un est immobile et l'autre
mobile, et que l'un peut recevoir au dedans de
soi un corps qui pénètre ses dimensions, au lieu
que l'autre ne le peut ; car la maxime que la
pénétration de dimensions est impossible s'entend seulement des dimensions de deux corps
matériels : autrement elle ne serait pas universellement reçue. D'où l'on peut voir qu'il y a
autant de différence entre le néant et l'espace
vide, que de l'espace vide au corps ; et qu'ainsi
l'espace vide tient le milieu entre la matière et
le néant. » Voilà, Monsieur, votre pensée de
l'espace vide fort bien expliquée ; je veux
croire que tout cela est évident, et en avez l'esprit convaincu et pleinement satisfait, puisque

vous l'affirmez, ayant dit auparavant « qu'on ne doit jamais porter un jugement définitif de l'affirmative ou négative d'une proposition que ce que l'on affirme ou nie n'ait une de ces deux conditions, savoir ou qu'il paraisse si clairement et si invinciblement de lui-même à la raison ou au sens, suivant qu'il est sujet à l'un ou à l'autre, que l'esprit n'ait aucun moyen de douter de sa certitude ; et c'est ce que nous appelons principes ou axiomes ; ou qu'il se déduise par des conséquences infaillibles et nécessaires de tels principes ou axiomes. » Ce sont, Monsieur, vos sentiments touchant les conditions nécessaires pour assurer une vérité. Et quand je disais à ma lettre, que *tout ce qui est espace est corps*, je croyais dire une chose évidente et convaincante d'elle-même en matière de vide apparent ou véritable, que je présupposais comme évident, n'être ni esprit, ni accident d'aucun corps, d'où il se déduit nécessairement qu'il est corps ; je vois maintenant la défectuosité de mon discours : le vide n'est ni corps matériel, ni accident du corps matériel, *mais un espace qui a longueur, largeur et profondeur, immobile et capable de recevoir et de contenir un corps*. Mais si je nie qu'il y ait aucun espace réel et capable de soutenir la lumière, de la transmettre et d'apporter du retardement au mouvement local d'un corps, qui ne soit corps matériel, je ne vois pas comment on me puisse convaincre du contraire : ma négative est appuyée sur ce que l'astronomie ne se sert point de cet espace pour expliquer les parties et mouvements de ce grand monde, ni la médecine pour l'intelligence des parties, mouvements et maladies du petit monde, ni l'art pour ses ouvrages, ni la nature pour ses opérations naturelles ; et suivant la maxime que la Nature ne fait rien en vain, il faut, ou rejeter ce vide, ou s'il est dans le monde, avouer que ces grands espaces qui sont entre nous et les cieux ne sont pas corps matériels, et que le vide véritable peut suffire à tout cela. Nous disons qu'il y a de l'eau, parce que nous la voyons et la touchons ; nous disons qu'il y a de l'air dans un ballon enflé, parce que nous sentons sa résistance ; qu'il y a du feu, parce que nous sentons sa chaleur. Mais ce vide véritable ne touche aucun des sens : et pour dire qu'on le sent dans un tube où le vif-argent ne paraît point, j'en attends une preuve qui me détrompe ; et la plupart de ceux qui cherchent la vérité curieusement ont jusqu'à

présent cru fonder sur plusieurs expériences et
bonnes raisons que dans le monde un espace vide
est naturellement impossible. Cet espace et l'air
seraient de natures bien différentes, celui-ci étant
mobile et impénétrable, et celui-là immobile et
pénétrable ; et néanmoins on ne saurait connaître aucune différence entre la lumière qu'on
dit passer par le vide seul, et celle qui passerait
par le vide et l'air joints ensemble : si le vide
suffit, c'est en vain que la nature y emploie l'air.
Voyez, Monsieur, lequel de nous deux est le plus
croyable : ou vous qui affirmez un espace qui ne
tombe point sous les sens, et qui ne sert ni
à l'art ni à la nature, et ne l'employez que pour
décider une question fort douteuse ; ou moi qui
le nie pour ne l'avoir jamais senti, pour le connaître inutile et impossible, par ce raisonnement
que cet espace ne serait pas corps matériel et
le serait, ayant l'essence et les propriétés du
corps matériel. Mais ce vide ne serait-il point
l'intervalle de ces anciens philosophes qu'Aristote a tâché de réfuter, ou bien l'espace imaginaire de quelques modernes, ou bien l'immensité de Dieu qu'on ne peut nier, puisque Dieu
est partout ? A la vérité, si ce vide véritable
n'est autre chose que l'immensité de Dieu, je ne

puis nier son existence ; mais aussi ne peut-on
pas dire que cette immensité n'étant autre chose
que Dieu même, esprit très simple, ait des parties les unes hors des autres, qui est la définition
que je donne aux corps, et non pas celle que
vous dites être de mes auteurs, prise de la composition de matière et de forme. Les corps
simples sont corps, et néanmoins, au jugement
des plus intelligents, n'ont point cette composition : j'avoue que les mixtes l'ont, mais je
la tiens trop obscure et selon qu'elle est ima-
ginée par quelques-uns être employée à la définition des corps : c'est pourquoi je définis le
corps : *ce qui est composé de parties les unes
hors des autres,* et dis que *tout corps est espace,
quand on le considère entre les extrémités, et
que tout espace est corps, puisque tout espace
est composé de parties les unes hors les autres,
et que tout ce qui est composé de parties les unes
hors les autres est corps.* Si vous me dites que
les espèces du saint Sacrement ont des parties
les unes hors des autres, et néanmoins ne sont
pas corps, je répondrai : Premièrement, par le
composé des parties les unes hors des autres, on
entend ce que nous appelons ordinairement long,
large et profond ; que l'on peut fort bien expli-

quer la doctrine de l'Eglise Catholique et Romaine, touchant les espèces du saint Sacrement, en disant que *les petits corps qui restent dans les espaces ne sont pas la substance du pain* (c'est pourquoi le Concile de Trente ne se sert jamais du mot d'accident, parlant du saint Sacrement, quoiqu'en effet ces petits corps soient vraiment les accidents du pain, selon la définition de l'accident, reçue de tout le monde : *ce qui ne détruit point* le sujet *soit présent, soit absent*) ; troisièmement, que, sans miracle, tout composé de parties les unes hors des autres est corps (et je crois que, pour décider la question du vide, il n'est pas besoin de recourir aux miracles, vu que nous présupposons que toutes vos expériences n'ont rien par-dessus les forces de la nature). Mais revenons à votre espace, où je ne vois ni parties, ni longueur, ni largeur, ni profondeur effective et réelle, s'il est l'immensité de Dieu, qui est pur esprit. Je sais bien que, dans l'imagination du géomètre, séparant la quantité de toutes ses conditions individuelles par une abstraction d'entendement, se retrouve un espace immobile ; mais tel espace, ainsi dénué de toutes ces circonstances, n'est que dans l'esprit du géomètre, et ne peut être ce vide que

vous dites paraître dans ce tube, ni l'immensité
de Dieu, quoiqu'on se la figure longue, large
et profonde, selon votre façon d'entendre jointe
et attachée au corps. Je pense en avoir assez dit
pour douter s'il y a de l'espace vide, et si, entre
la matière et le corps, il y a d'autre différence
qu'entre le corps qui est dans l'espace du *géomètre*, et celui qui est dans le monde ; celui-ci
est matière matérielle, mobile effectif et réel,
et l'objet de celui-là qui n'a qu'un être inten-
tionnel, et n'est que la ressemblance de l'autre,
et par conséquent sans effet et sans mouvement.
Néanmoins, puisque vous assurez l'existence de
cet espace vide, et m'apprenez dans votre lettre
que l'on ne doit rien assurer sans des convictions
ou du sens, ou de la raison, je me persuade que
vous en avez, lesquelles je ne vois pas, et partant je présuppose l'existence de cet espace vide,
et ne trouve pas qu'il me serve pour expliquer
mes expériences, qu'en disant quatre choses : la
première, qu'à la descente du vif-argent pas un
corps n'entre dans le verre ; la deuxième, que
ce vide tient la place du vif-argent descendu ;
la troisième, qu'il soutient la lumière qui passe
au travers ; la quatrième, qu'il retarde le mouvement des corps matériels, quoiqu'il n'ait au-

cune résistance, étant pénétrable et immobile. Je ne doute point que vous n'ayez prévu les difficultés qu'enferment ces quatre propositions. Je m'arrête à la première, qui est la source des autres, et sur cela je propose mes difficultés, dont j'espère être satisfait par vos profondes spéculations et courtoisies. Donc pour la première vous dites que « tous les hommes ensemble ne sauraient démontrer qu'aucun corps succède à l'espace vide en apparence, et qu'il n'est pas possible encore à tous les hommes de montrer que, quand l'eau y remonte, quelque corps en soit sorti. » Là-dessus vous me demandez si cela ne suffirait pas, suivant mes maximes, pour assurer que cet espace est vide. Je réponds ingénument que non. Si, à moins d'une démonstration mathématique, c'est-à-dire évidente et convaincante, qu'une matière entre dans le verre à la descente du vif-argent, je dis qu'il n'y a qu'un espace vide, je pourrai, par même raison, nier que, depuis notre terre jusqu'au firmament, il y ait aucune matière, et conclure en cette sorte : tous les hommes ensemble ne sauraient démontrer mathématiquement que ces grands espaces soient remplis d'aucuns corps, et partant je dis que ces grands espaces ne sont qu'un vide immobile et pénétrable, suffisant à soutenir et transmettre la lumière des astres, et ajuster leurs mouvements. Si tel était mon discours et mon sentiment, que diriez-vous ? Or, tout ainsi que les naturalistes croient avoir assez de preuves et de raisons physiques pour assurer que ces grands espaces sont remplis d'un corps impénétrable et mobile, quoiqu'ils n'aient pour cela aucune démonstration mathématique ; de même, quoique je n'aie point de semblables convictions, je pense néanmoins avoir assez de preuves naturelles pour dire que par les pores du verre passe et entre dans le verre une matière qui s'appelle air subtil.

Venons aux expériences qui me font servir de vos termes, et dire simplement *que mon sentiment* est que l'air subtil entre par les pores du verre. Et comme ces pores sont fort petits, l'air qui les remplit doit être fort subtil et séparé du plus grossier, et dans son mélange doit avoir moins de terre et moins d'eau. Que dans ce tout que nous appelons air, il y ait de la terre, nous l'expérimentons en hiver, dans un froid sec : les mains exposées à l'air contractent une crasse composée de ces petits atomes terrestres qui le remplissent et le refroidissent ; que dans ce même tout il y ait de l'eau, cela se voit manifestement en la canne à vent dont elle sort, quand vous la chargez avec vitesse ; qu'il y ait aussi du feu élémentaire, c'est-à-dire de ce feu qui, pour sa petitesse et sa rareté, est invisible, et par suite fort différent de la flamme et du charbon allumé qui est entouré d'étincelles ou petites flammes qui s'éteignent dans l'eau, et non pas le feu élémentaire incorruptible ; qu'il y ait, dis-je, de ce feu-là dans l'air, on le peut connaître au foyer d'un miroir ardent qui brûle par le concours des rayons qui sont dans l'air, et par un mouchoir où se ramassent les esprits ignés que l'air qui est autour du feu lui apporte ; d'où l'on voit sortir des étincelles dans un lieu obscur, quand, après l'avoir étendu et bien chauffé, et resserré tout chaud, on l'étend et passe en la main par dessus un peu rudement ; que si les feux de nos cheminées remplissent d'esprits ignés l'air d'alentour, le soleil, qui brûle par réfractions et réflexions, pourra bien épandre ses esprits solaires en tout l'air du monde, et par conséquent y avoir du feu, que Monsieur Descartes appelle *petite matière*.

L'expérience nous apprend aussi que, dans le mélange que nous appelons *eau*, il y a de l'air ; en voici une convaincante :

Faites une chambre carrée de cinq ou six pieds en tous sens, à la chaussée d'un ruisseau de même hauteur ; mettez au milieu de la voûte un canal rond de trois ou quatre pouces de diamètre, long de quatre pieds, qui descende en la chambre perpendiculairement au pavé, fait au niveau par où l'eau du ruisseau coule à plomb sur le milieu d'une pierre fort dure, plate, ronde et à un pied de diamètre plus haute que le reste du pavé de trois pouces ; faites à côté, dans l'une des quatre murailles, à fleur du pavé, un trou par où l'eau s'écoule ; faites-en un autre, à un pied du pavé, dans la muraille qui est vis-à-vis de ce trou ; mettez en dehors un canal rond et long de trois pieds qui le remplisse parfaitement, et aille s'étrécissant depuis sa naissance de la muraille, où il a neuf à dix pouces de diamètre jusqu'au bout, qui sera de deux à trois pouces : l'air sortira sans cesse par ce canal avec autant d'impétuosité qu'il sort de ces grands soufflets de forge où se fond le fer des mines ; cet air, mêlé, confondu et comme perdu dans ce tout, que nous appelons *eau*, et qui tombe à plomb par le canal de la voûte, se retrouve, et se sépare de l'eau grandement pressée entre la pierre qui la reçoit et l'autre eau suivante qui la pousse ;

et cet air, ne trouvant en toute la chambre rien
d'ouvert que ce canal qui est dans la muraille à
un pied du pavé, poussé par le suivant, s'en-
gouffre dans ce canal, et sort de même vitesse
que celui de ces grands soufflets longs de plus
de quinze pieds. Voilà une preuve péremptoire
de l'air mélangé avec l'eau, et de leur séparation
artificielle et violente : l'eau séparée et plus gros-
sière s'écoule par le trou d'en bas à fleur de pavé,
et l'air séparé sort par son canal un pied plus
haut.

Je remarque ici une différence fort notable
entre l'air qui est dans l'eau (c'est le même des
autres éléments) et l'air qui est mêlé avec l'eau,
faisant une partie du tout ou mélange que nous
appelons *eau* : l'air dans l'eau fait un tout à part,
que nous appelons air, et monte toujours au-
dessus de l'eau ; l'air mêlé avec l'eau fait un tout
avec les autres éléments, que nous appelons *eau*,
et ne s'en sépare point que par quelque violence.

Le feu élémentaire se trouve aussi dans l'eau,
mêlé comme les autres éléments, et ne s'en sépare que quand il est fort contraint par la compression de l'eau ; celle qui est chaude, et principalement celle qui bout, est pleine d'esprits
ignés que nos charbons et nos flammes lui en-

voient ; disons de même du soleil à l'égard des eaux du monde : c'est pourquoi la nuit on voit des flammes sur la mer, que les vaisseaux et autres corps font sortir de l'eau quand ils la froissent.

Qu'il y ait de la terre dans l'eau, cela se voit dans les canaux des fontaines, et dans certaines pierres qui s'encrouent au courant de l'eau par les atomes terrestres qui se séparent d'elle étant pressés.

Les mouvements sensibles de l'eau dans le thermomètre me semblent ne pouvoir s'expliquer intelligiblement que par l'entrée ou le mouvement des esprits ignés de l'air chaud ou de la main échauffée. Voici ma pensée, que je propose tout simplement : les esprits de feu qui transpirent sans cesse de la main chaude qui touche la bouteille du thermomètre meuvent l'air qui est dans les pores du verre par leur toucher ; et cet air mû meut son voisin, et celui-ci son voisin, qui est dans l'eau beaucoup moins mobile, comme si vous aviez dans une coupe d'argent plusieurs parties, dont les unes fussent carrées et les autres rondes, mêlées par ensemble, et que vous remuassiez tout ce mélange en remuant la coupe : les parties rondes, comme plus mobiles, se sépareraient des carrées, qui auraient moins de mouvement.

L'air donc, par son mouvement, se sépare de l'eau, et l'eau, par cette séparation de l'air, tient moins de place ; et nous semble, à cause qu'elle se ramasse vers le bas, qu'elle descend, et à cause qu'elle quitte une partie de son rare, qui est l'air, qu'elle se condense.

Or, plus grande est la chaleur de la main, le mouvement est plus grand, et de plus de parties qui roulent les unes sur les autres ; et plus grand est le mouvement, plus grande est la séparation de l'air et de l'eau.

Ces roulades ne sont pas sensibles, mais la raison nous les apprend par cet axiome : que le mouvement d'un corps arrêté par l'une de ses parties, et mû par les autres, tient du circulaire. Otez ce mouvement accidentaire des parties de l'air, et conséquemment des parties de l'eau, l'air et l'eau reprennent leur mélange naturel ; et par ce mélange, l'eau s'enfle, tient plus de place, et semble monter. Si l'eau descend effectivement sans que l'air s'en sépare, nous dirons probablement que les esprits ignés entrent dans le thermomètre, et que quelques autres en sortent ; car je suis l'opinion de ceux qui veulent qu'un corps simple occupe toujours un même espace dans le monde, jamais ni plus grand ni plus petit ; autrement il y aurait ou de la pénétration des corps, ou du vide : pénétration, s'il occupait une plus grande place ; du vide, s'il en tenait une plus petite : ainsi, ou le monde regorgerait, ou ne serait pas toujours plein. On ne peut pas nier qu'entre les corps simples, il n'y en ait de plus rares, qui, avec pareil nombre d'atomes sensibles, tiennent plus de place, et de plus denses qui en tiennent moins : le feu élémentaire est, de sa nature, plus rare et moins dense que la terre, et la terre, de sa nature, plus dense et moins rare que le feu élémentaire ; le feu simple jamais moins rare, la terre simple jamais moins dense ; les mixtes sont plus ou moins rares, plus ou moins denses, selon qu'ils sont plus ou moins participants du feu ou de la terre, d'où s'ensuit que le corps mêlé de terre ou de feu est en partie dense, en partie rare ; si vous lui ôtez de son feu, ou lui donnez de la terre, vous le condensez ; ou si vous diminuez sa terre, ou augmentez son feu, vous le raréfiez ; et si vous séparez totalement le feu de la terre et la terre du feu, vous aurez du rare dans un espace du monde, et dans

l'autre du dense. Faisons que celui-ci soit d'un
pied et celui-là de quatre, avec pareil nombre
d'atomes naturels, les deux joints ensemble sans
se mêler tiendront une place de cinq pieds :
qu'ils soient mêlés et confondus par ensemble,
et prenez toutes les petites places que tient le
feu, elles ne feront jamais toutes ensemble
qu'une place de quatre pieds ; prenez toutes
celles que tient la terre, elles n'en feront qu'une
d'un pied, et toutes deux ensemble une de cinq
pieds.

Ce qui fait croire qu'un même corps, sans rien
perdre ou acquérir, ait tantôt plus, tantôt moins
de place, est l'insensibilité du corps qu'il perd
ou acquiert ; le sens est trompé, mais il est corrigé par la raison : nous ne sentons pas ce qui
est dans un ballon enflé ; toutefois nous jugeons
qu'il est plein de quelque corps, à cause qu'il
résiste quand on le presse ; et puis, cherchant
quel peut être ce corps, nous trouvons que c'est
celui que nous appelons air ; de même, voyant
que la lumière passe à travers une bouteille de
verre, nous jugeons qu'elle contient en soi un
corps transparent. Or, tout ainsi que le ballon
s'enfle quand l'air y rentre, et au contraire,
quand il en sort, de même un corps mêlé tient

plus de place quand il se remplit d'un autre invisible, et moins quand il le quitte.

Ces expériences ci-dessus montrent que les
éléments sont mêlés, et la comparaison des
liqueurs, qu'on appelle humeurs, mêlées dans
nos veines, artères et autres concavités de notre
corps, fait entendre ce mélange des éléments
dans le grand monde, où les actions et mouvements du firmament, des étoiles et des planètes,
et principalement du soleil, font voir que les
éléments y doivent être mêlés, en sorte que vous
ne sauriez prendre aucune partie sensible de l'un
que les autres n'y soient. Le soleil envoie continuellement et par tout le monde ses esprits
solaires, qui, sans cesse et insensiblement,
meuvent et mêlent tout pour le bien du monde,
comme le cœur envoie par tout le corps ses esprits de vie, qui remuent sans cesse et mêlent
tout pour le bien du corps.

L'expérience nous apprend que les corps se
tiennent les uns les autres.

Premièrement, les homogènes, s'il y en a de
continus, et à faute de ceux-ci les hétérogènes
contigus, et entre ceux-ci les plus faciles à mou-
voir. Donc le vif-argent, mû de sa pesanteur, en
descendant tirera l'air qui est dans les pores,

comme le plus mobile des corps hétérogènes
contigus, et l'air qui est dans les pores celui qui
lui est congénère[1] et contigu, comme l'eau tire
l'eau.

Il me semble qu'en voilà suffisamment pour
dire, avec le commun, que les éléments sont
mêlés, que l'air se sépare de l'eau, et quitte,
quand il y est contraint, son plus grossier, et
qu'il passe dans le tube par les pores du verre,
et que le vide véritable n'est appuyé sur la raison, ni sur l'expérience.

Disons maintenant pourquoi le vif-argent, le
tube étant bouché, descend, et ne descend qu'à
la hauteur de deux pieds trois pouces. Compa-
rons le vif-argent qui est dans le tube avec celui
qui est dans la cuvette, comme le poids qui est
dans un bassin de la balance, avec le poids qui
est dans l'autre : si celui qui est dans la cuvette
pèse plus que celui qui est dans le tube, il descendra et fera monter celui du tube, comme le
poids d'une balance le plus pesant descend et
fait monter l'autre ; au contraire, si celui qui
est dans le tube est plus pesant que celui de la
cuvette, il descendra, et fera monter celui de

1. Bossut avait écrit *congné*. Nous adoptons la correction
posée par M. Léon Brunschvicg.

la cuvette jusqu'à l'égalité de pesanteur qui,
dans l'inégalité de surface perpendiculaire à
l'horizon, se rencontre en celle qui est dans la
cuvette, plus basse de deux pieds trois pouces
que celle du tube ; et cette inégalité de surface
arrive de ce que le vif-argent qui est dans le
tube n'a pas assez de pesanteur pour s'égaler de
surface à celui de la cuvette, s'approchant du
centre autant que lui, celui-ci montant et
l'autre descendant, l'avantage qu'a celui de la
cuvette par-dessus l'autre se prend de l'air qui
pèse sur celui de la cuvette et ne pèse pas sur
celui du tube.

Cela veut dire que l'air commun que nous respirons soit pesant : on n'en doute pas, après avoir
pesé une canne à vent devant et après l'avoir
chargée. Celui qui couvre la surface du vif-
argent dans le tube ne descend pas, soit pour
être retenu par le verre qui demeure, soit pour
avoir quitté son plus grossier qui le rendait pesant : d'où s'ensuit qu'il ne pèse ni ne charge
point le vif-argent, petit ou grand, il n'importe,
ne pesant non plus grand que petit, puisqu'il
ne pèse point ; mais celui qui est sur la surface
du vif-argent de la cuvette pèse et le charge ;
et partant il est, à l'égard de celui qui est dans

le tube, trop pesant pour monter, le laissant descendre : si vous ôtez cet équilibre, qui est dans cette inégalité de surface, l'un monte et l'autre descend : pour exemple, si vous inclinez le tube en sorte que la surface du vif-argent qui est dans le tube ne soit plus élevée sur celle qui est dans la cuvette de deux pieds trois pouces, le vif-argent de la cuvette descend, et fait monter celui qui est dans le tube. Cette réponse est commune à l'eau d'environ trente-trois pieds.

Venons maintenant à l'expérience de la seringue [1]. Nous avons montré que dans l'eau il y a de l'air, et partant l'air en peut être séparé, et l'air épuré peut entrer en la seringue par ses pores, quand, par la traction du piston, celui qui est dans les pores du verre est contraint de suivre ; et ne pouvant suivre que tirant après soi l'eau contiguë, la serre contre le verre, dont les pores sont trop petits pour son passage, et la serrant, il en sépare et tire l'air qui le suit. La résistance qu'on ressent à la première séparation du piston vient, et de l'air des pores qui n'est point encore dans le mouvement pour les quitter et suivre un corps qui le tire dans

1. V. ce que Pascal en dit lui-même à la fin de la lettre VII.

le verre, et de l'air qui est dans l'eau, dont la séparation résiste au mouvement qui les sépare ; la difficulté diminue peu à peu, ne restant plus que la seconde résistance. La main de l'ouvrier qui tire avec une tenaille le fil de fer par la filière sent beaucoup plus de résistance au commencement qu'à la suite ; la raison physique de cette difficulté est que ce qui repose est plus éloigné du mouvement que ce qui est déjà dans le mouvement.

L'air qui est dans la seringue, subtil et mobile extrêmement, et toujours dans l'agitation par les esprits solaires qui surviennent sans cesse, comme les vitaux dans toutes les parties du corps, sort avec impétuosité sitôt que vous ôtez le doigt, et l'eau entre par la même ouverture, tirée par celui qui reste, et par ce mouvement de l'air et de l'eau se fait le mélange comme auparavant.

L'expérience de la corde [1] s'entend assez bien,

1. Pascal l'avait ainsi décrite, dans ses *Expériences nouvelles touchant le vide* : « Si l'on met une corde de près de quinze pieds avec un fil attaché au bout. (laquelle on laisse longtemps dans l'eau, afin que s'imbibant peu à peu, l'air qui pourrait y être enclos en sorte) dans un tuyau de quinze pieds, scellé par un bout comme dessus, et rempli d'eau, de façon qu'il n'y ait hors du tuyau que le fil attaché à la corde, afin de l'en tirer, et

si nous disons qu'à mesure qu'elle sort du tuyau, l'eau prend sa place, et n'ayant point d'autre corps contigu plus mobile que le vif-argent, elle le fait monter jusqu'à la hauteur nécessaire à l'équilibre de celui qui est dans le tube avec celui qui est dans la cuvette.

Vous voyez, Monsieur, que toutes vos expériences ne sont point contrariées par cette hypothèse qu'un corps entre dans le verre, et peuvent s'expliquer aussi probablement par le plein que par le vide, par l'entrée d'un corps subtil que nous connaissons, que par un espace qui n'est ni Dieu, ni créature, ni corps, ni esprit, ni substance, ni accident, qui transmet la

l'ouverture ayant été mise dans du vif-argent : quand on tire la corde peu à peu, le vif-argent monte à proportion, jusqu'à ce que la hauteur du vif-argent, jointe à la quatorzième partie de la hauteur qui reste d'eau, soit de deux pieds trois pouces ; car après, quand on tire la corde, l'eau quitte le haut du verre, et laisse un espace vide en apparence, qui devient d'autant plus grand que l'on tire la corde davantage. Que si on incline le tuyau, le vif-argent du vaisseau y rentre, en sorte que, si on l'incline assez, il se trouve tout plein de vif-argent et d'eau qui frappe le haut du tuyau avec violence, faisant le même bruit et le même éclat que s'il cassait le verre, qui court risque de se casser en effet. Et pour ôter le soupçon de l'air que l'on pourrait dire être demeuré dans la corde, on fait la même expérience avec quantité de petits cylindres de bois, attachés les uns aux autres avec du fil de laiton. »

lumière sans être transparent, qui résiste sans
résistance, qui est immobile et se transporte
avec le tube, qui est partout et nulle part, qui
fait tout et ne fait rien. Ce sont les admirables
qualités de l'espace vide en tant qu'espace : il
est et fait merveille en tant que vide ; il n'est
et ne fait rien en tant qu'espace ; il est long,
large et profond, en tant que vide ; il exclut la
longueur, la largeur et la profondeur en tant
qu'espace. S'il est besoin, je montrerai toutes
ces belles propriétés et conséquences.

Sur la fin de votre lettre, vous accusez d'obscurité ma définition de la lumière. Permettez-
moi que je l'explique en deux mots. Par un corps
lucide, que je distingue du lumineux, en tant
que le corps lumineux est ce que nous voyons,
et le corps lucide ne se voit pas, mais il touche
la vue par son mouvement, c'est-à-dire qu'il
fait voir, et ce qui fait voir est ce qui figure
la partie du cerveau vivant, qui termine les
nerfs optiques tout remplis de ces petits corps
qu'on appelle esprits *lucides*, ou, si ce mot vous
semble moins français, *lumineux ;* et cette partie du cerveau vivant est la puissance que nous
appelons vue ; le mouvement qui fait cette
figure est celui que j'appelle *luminaire*, et ne

convient qu'à ces petits corps qui sont capables
de figurer la vue ; le corps que nous appelons
transparent est toujours rempli de ces petits
corps ou esprits lucides ; mais ces petits corps
n'ont pas toujours un mouvement luminaire,
c'est-à-dire un mouvement capable de figurer la
vue ; et n'y a que le corps lumineux, comme la
flamme, qui puisse donner ce mouvement luminaire, comme il n'y a que l'aimant qui puisse
donner le mouvement magnétique à la limaille
de fer ; et comme l'aimant donne ce mouvement à cette poudre de fer sans la donner au
corps voisin, de même la flamme ou corps lumineux ne donne son mouvement luminaire
qu'aux corps lucides, et non pas aux autres voi-
sins. Ceci est court, mais suffisant pour des personnes capables et intelligentes, comme celle à
qui j'ai l'honneur d'écrire.

Cette définition, qui dit que l'illumination
est un mouvement luminaire (c'est-à-dire capable de toucher et de figurer la vue) des
rayons composés d'esprits lucides, ne peut convenir à la lumière qui passe par le vide, si le
vide n'a les qualités d'un corps transparent.

Quand j'ai dit que la lumière pénétrait ce vide
apparent avec réfractions et réflexions, je n'ai

point dit qu'il y en eût d'autres sensibles que celle du verre. Je sais bien que les optiques mettent des réfractions dans l'air à la sortie du verre ; mais comme elles ne peuvent être sensibles en notre vide apparent, je ne m'y arrête pas.

Au reste, Monsieur, vous pouvez, en cette réponse, voir ma franchise et docilité, que je ne suis point opiniâtre, et que je ne cherche que la vérité. Votre objection m'a fait quitter mes premières idées, prêt à quitter ce qui est dans la présente contraire à vos sentiments, si vous m'en faites paraître le défaut. Vous m'avez extrêmement obligé par vos expériences, me confirmant en mes pensées, fort différentes de la plupart de celles qui s'enseignent aux écoles ; il me semble qu'elles s'ajusteraient bien aux vôtres, excepté le vide, que je ne saurais encore goûter. Si je n'étais incommodé d'une jambe, je me donnerais l'honneur de vous voir, et de vous assurer de bouche, ce que je fais par écrit, que je suis de tout mon cœur,

Monsieur,

Votre très humble et très obéissant serviteur selon Dieu.

ESTIENNE NOËL.

V

DE BLAISE PASCAL A MONSIEUR PERIER [1]

Monsieur,

Je n'interromprais pas le travail continuel où vos emplois vous engagent [2], pour vous entretenir de méditations physiques, si je ne savais qu'elles serviront à vous délasser en vos heures de relâche, et qu'au lieu que d'autres en seraient embarrassés, vous en aurez du divertissement. J'en fais d'autant moins de difficulté, que je sais le plaisir que vous recevez en cette sorte d'entretien. Celui-ci ne sera qu'une continuation de ceux que nous avons eus ensemble touchant le vide. Vous savez quel sentiment les philosophes ont eu sur ce sujet : tous ont tenu pour

1. Publiée par Pascal lui-même dans le *Récit de la Grande Expérience de l'Equilibre des Liqueurs*, 1648.

2. D'après M. Léon Brunschvicg, qui s'appuie sur les documents publiés par Elie Jaloustre (dans le *Bulletin historique et scientifique de l'Auvergne*, n° 3, Avril-Mai 1907, p. 4 et 7). Florin Perier était « général conseiller en la Cour des Aides » de Clermont. Il avait été, le 1er janvier 1647, élu échevin de la ville pour la paroisse Saint-Genès. Enfin, il avait reçu, au commencement de l'automne, « une commission du roy avec M. Phelipeaux, intendant de la justice en Bourbonnais ».

maxime que la nature abhorre le vide ; et presque tous, passant plus avant, ont soutenu qu'elle ne peut l'admettre, et qu'elle se détruirait elle-même plutôt que de le souffrir. Ainsi les opinions ont été divisées ; les uns se sont contentés de dire qu'elle l'abhorrait seulement, les autres ont maintenu qu'elle ne le pouvait souffrir. J'ai travaillé, dans mon *Abrégé du traité du Vide*, à détruire cette dernière opinion, et je crois que les expériences que j'y ai rapportées suffisent pour faire voir manifestement que la nature peut souffrir et souffre en effet un espace, si grand que l'on voudra, vide de toutes les matières qui sont en notre connaissance et qui tombent sous nos sens. Je travaille maintenant à examiner la vérité de la première, et à chercher des expériences qui fassent voir si les effets que l'on attribue à l'horreur du vide doivent être véritablement attribués à cette horreur du vide, ou s'ils le doivent être à la pesanteur et pression de l'air ; car, pour vous ouvrir franchement ma pensée, j'ai peine à croire que la nature, qui n'est point animée, ni sensible, soit susceptible d'horreur, puisque les passions présupposent une âme capable de les ressentir, et j'incline bien plus à imputer tous

ces effets à la pesanteur et pression de l'air,
parce que je ne les considère que comme des
cas particuliers d'une proposition universelle de
l'équilibre des liqueurs, qui doit faire la plus
grande partie du traité que j'ai promis. Ce n'est
pas que je n'eusse ces mêmes pensées lors de la
production de mon abrégé ; et toutefois, faute
d'expériences convaincantes, je n'osai pas alors
(et je n'ose pas encore) me départir de la
maxime de l'horreur du vide, et je l'ai même
employée pour maxime dans mon abrégé,
n'ayant lors autre dessein que de combattre l'opinion de ceux qui soutiennent que le vide est absolument impossible, et que la nature souffrirait
plutôt sa destruction que le moindre espace vide.
En effet, je n'estime pas qu'il nous soit permis
de nous départir légèrement des maximes que
nous tenons de l'Antiquité, si nous n'y sommes
obligés par des preuves indubitables et invincibles. Mais en ce cas je tiens que ce serait une
extrême faiblesse d'en faire le moindre scrupule,
et qu'enfin nous devons avoir plus de vénération pour les vérités évidentes, que d'obstination
pour ces opinions reçues. Je ne saurais mieux
vous témoigner la circonspection que j'apporte
avant que de m'éloigner des anciennes maximes,

que de vous remettre dans la mémoire l'expérience que je fis ces jours passés en votre présence[1] avec deux tuyaux l'un dans l'autre, qui montre apparemment le vide dans le vide. Vous vîtes que le vif-argent du tuyau intérieur demeura suspendu à la hauteur où il se tient par l'expérience ordinaire, quand il était contrebalancé et pressé par la pesanteur de la masse entière de l'air, et qu'au contraire, il tomba entièrement, sans qu'il lui restât aucune hauteur ni suspension, lorsque, par le moyen du vide dont il fut environné, il ne fut plus du tout pressé ni contrebalancé d'aucun air, en ayant été destitué de tous côtés. Vous vîtes ensuite que cette hauteur ou suspension du vif-argent augmentait ou diminuait à mesure que la pression de l'air augmentait ou diminuait, et qu'enfin toutes ces diverses hauteurs ou suspensions du vif-argent se trouvaient toujours proportionnées à la pression de l'air.

Certainement, après cette expérience, il y avait lieu de se persuader que ce n'est pas l'horreur du vide, comme nous estimons, qui

1. M. Léon Brunschvicg a établi que le voyage auquel Pascal fait allusion fut entrepris dans la seconde quinzaine d'octobre 1647.

cause la suspension du vif-argent dans l'expérience ordinaire, mais bien la pesanteur et pression de l'air, qui contrebalance la pesanteur du vif-argent. Mais parce que tous les effets de cette dernière expérience des deux tuyaux, qui s'expliquent si naturellement par la seule pression et pesanteur de l'air, peuvent encore être expliqués assez probablement par l'horreur du vide, je me tiens dans cette ancienne maxime, résolu néanmoins de chercher l'éclaircissement entier de cette difficulté par une expérience décisive. J'en ai imaginé une qui pourra seule suffire pour nous donner la lumière que nous cherchons, si elle peut être exécutée avec justesse. C'est de faire l'expérience ordinaire du vide plusieurs fois en même jour, dans un même tuyau, avec le même vif-argent, tantôt au bas et tantôt au sommet d'une montagne élevée pour le moins de cinq ou six cents toises, pour éprouver si la hauteur du vif-argent suspendu dans le tuyau se trouvera pareille ou différente dans ces deux situations. Vous voyez déjà sans doute que cette expérience est décisive de la question, et que, s'il arrive que la hauteur du vif-argent soit moindre au haut qu'au bas de la montagne (comme j'ai beaucoup de raisons

pour le croire, quoique tous ceux qui ont médité
sur cette matière soient contraires à ce sentiment), il s'ensuivra nécessairement que la
pesanteur et pression de l'air est la seule cause
de cette suspension du vif-argent, et non pas
l'horreur du vide, puisqu'il est bien certain
qu'il y a beaucoup plus d'air qui pèse sur le
pied de la montagne, que non pas sur son sommet ; au lieu qu'on ne saurait pas dire que la
nature abhorre le vide au pied de la montagne
plus que sur son sommet.

Mais comme la difficulté se trouve d'ordinaire
jointe aux grandes choses, j'en vois beaucoup
dans l'exécution de ce dessein, puisqu'il faut
pour cela choisir une montagne excessivement
haute, proche d'une ville dans laquelle se trouve
une personne capable d'apporter à cette épreuve
toute l'exactitude nécessaire. Car si la montagne
était éloignée, il serait difficile d'y porter les
vaisseaux, le vif-argent, les tuyaux et beaucoup
d'autres choses nécessaires, et d'entreprendre
ces voyages pénibles autant de fois qu'il le faudrait pour rencontrer au haut de ces montagnes
le temps serein et commode qui ne s'y voit que
peu souvent. Et comme il est aussi rare de
trouver des personnes hors de Paris qui aient

ces qualités, que des lieux qui aient ces conditions, j'ai beaucoup estimé mon bonheur d'avoir, en cette occasion, rencontré l'un et l'autre, puisque notre ville de Clermont est au pied de la haute montagne du Puy-de-Dôme, et que j'espère de votre bonté que vous m'accorderez la grâce d'y vouloir faire vous-même cette expérience ; et sur cette assurance, je l'ai faite espérer à tous nos curieux de Paris, et entr'autres au R. P. Mersenne [1], qui s'est déjà engagé, par lettres qu'il a écrites en Italie, en Pologne, en Suède, en Hollande, etc., d'en faire part aux amis qu'il s'y est acquis par son mérite. Je ne touche pas aux moyens de l'exécuter, parce que je sais bien que vous n'omettrez aucune des circonstances nécessaires pour la faire avec précision.

Je vous prie seulement que ce soit le plus tôt qu'il vous sera possible et d'excuser cette liberté où m'oblige l'impatience que j'ai d'en ap-

1. Le P. Marin Mersenne, religieux Minime, ami de Descartes et d'Etienne Pascal (1588-1648). C'est à lui que Descartes devait écrire, quatre semaines plus tard, la célèbre lettre dans laquelle il s'attribue l'idée première de l'expérience du Puy-de-Dôme. On trouvera cette lettre à l'appendice, ainsi que deux autres lettres adressées sur le même sujet par le grand philosophe à Pierre de Carcavi.

prendre le succès, sans lequel je ne puis mettre la dernière main au traité que j'ai promis au public, ni satisfaire au désir de tant de personnes qui l'attendent, et qui vous en seront infiniment obligées. Ce n'est pas que je veuille diminuer ma reconnaissance par le nombre de ceux qui la partageront avec moi, puisque je veux, au contraire, prendre part à celle qu'ils vous auront, et en demeurer d'autant plus,

Monsieur,

Votre très humble et très obéissant serviteur,

PASCAL.

De Paris, ce 15 Novembre 1647.

VI

DE BLAISE PASCAL A MADAME PERIER [1]

Ce 26 Janvier 1648.

Ma chère sœur,

Nous avons reçu tes lettres. J'avais dessein de te faire réponse sur la première que tu m'écrivis il y a plus de quatre mois ; mais mon indisposition et quelques autres affaires m'empêchèrent de l'achever. Depuis ce temps-là, je n'ai pas été en état de t'écrire, soit à cause de mon mal, soit manque de loisir ou pour quelque autre raison. J'ai peu d'heures de loisir et de santé tout ensemble. J'essayerai néanmoins d'achever celle-ci sans me forcer ; je ne sais si elle sera longue ou courte. Mon principal dessein est de t'y faire entendre le fait des visites que tu sais, où j'espérais d'avoir de quoi te satisfaire et répondre à tes dernières lettres. Je ne puis commencer par autre chose que par le témoignage du plaisir qu'elles m'ont donné ; j'en ai reçu des satisfactions si sensibles que je ne te les pourrai pas

1. Publiée par Faugère, t. I, p. 3.

dire de bouche. Je te prie de croire qu'encore je
ne t'aie point écrit, il n'y a point eu d'heure que
tu ne m'aies été présente, où je n'aie fait des
souhaits pour la continuation du grand dessein
que Dieu t'a inspiré [1]. J'ai ressenti de nouveaux
accès de joie à toutes les lettres qui en portaient
quelque témoignage, et j'ai été ravi d'en voir
la continuation sans que tu eusses aucunes nouvelles de notre part. Cela m'a fait juger qu'il
avait un appui plus qu'humain, puisqu'il n'avait
pas besoin des moyens humains pour se maintenir. Je souhaiterais néanmoins d'y contribuer
quelque chose, mais je n'ai aucune des parties
qui sont nécessaires pour cet effet. Ma faiblesse
est si grande que, si je l'entreprenais, je ferais
plutôt une action de témérité que de charité, et
j'aurais droit de craindre pour nous deux le
malheur qui menace un aveugle conduit par un
aveugle. J'en ai ressenti mon incapacité sans
comparaison davantage depuis les visites dont il
est question, et bien loin d'en avoir remporté
assez de lumières pour d'autres, je n'en ai rapporté que de la confusion et du trouble pour

1. A la fin de l'année 1646, Madame Perier, alors âgée
de vingt-six ans, avait renoncé « aux ajustements et aux
agréments de la vie mondaine, pour vivre selon la piété
la plus exacte ». (Boutroux, *Pascal*, p. 24).

moi, que Dieu seul peut calmer et où je travaillerai avec soin, mais sans empressement et sans inquiétude, sachant bien que l'un et l'autre m'en éloigneraient. Je te dis que Dieu seul le peut calmer et que j'y travaillerai, parce que je ne trouve que des occasions de le faire naître et de l'augmenter dans ceux dont j'en avais attendu la dissipation : de sorte que me voyant réduit à moi seul, il ne me reste qu'à prier Dieu qu'il en bénisse le succès. J'aurais pour cela besoin de la communication de personnes savantes et de personnes désintéressées : les premiers sont ceux qui ne le feront pas ; je ne cherche plus que les autres, et pour cela je souhaite infiniment de te voir, car les lettres sont longues, incommodes et presque inutiles en ces occasions. Cependant je t'en écrirai peu de chose.

La première fois que je vis M. Rebours [1], je

1. Antoine de Rebours, confesseur du Port-Royal. Dom Clémencet reproduit à son sujet l'éloge qu'en avait tracé du Fossé : « C'était un prêtre d'une vertu très solide et d'une conversation très agréable. Il avait été engagé dans le sacerdoce pour servir en qualité de confesseur des religieuses de Port-Royal de Paris, et il s'acquitta toujours de cet emploi d'une manière très digne de son ministère. » (*Hist. de Port-Royal*, t. IV, p. 136.) Il mourut le 12 août 1661.

me fis connaître à lui et j'en fus reçu avec autant
de civilités que j'eusse pu souhaiter ; elles ap-
partenaient toutes à Monsieur mon père, puisque
je les reçus à sa considération. Ensuite des premiers compliments, je lui demandai la permission de le revoir de temps en temps ; il me l'ac-
corda. Ainsi je fus en liberté de le voir, de sorte
que je ne compte pas cette première vue pour
visite, puisqu'elle n'en fut que la permission.
J'y fus à quelque temps de là, et entre autres
discours je lui dis avec ma franchise et ma naïveté ordinaires que nous avions vu leurs livres
et ceux de leurs adversaires ; que c'était assez
pour lui faire entendre que nous étions de leurs
sentiments. Il m'en témoigna quelque joie. Je
lui dis ensuite que je pensais que l'on pouvait,
suivant les principes mêmes du sens commun,
démontrer beaucoup de choses que les adversaires disent lui être contraires, et que le raisonnement bien conduit portait à les croire,
quoiqu'il les faille croire sans l'aide du raisonnement.

Ce furent mes propres termes, où je ne crois
pas qu'il y ait de quoi blesser la plus sévère modestie. Mais, comme tu sais que toutes les actions
peuvent avoir deux sources, et que ce discours

pouvait procéder d'un principe de vanité et de
confiance dans le raisonnement, ce soupçon, qui
fut augmenté par la connaissance qu'il avait de
mon étude de la géométrie, suffit pour lui faire
trouver ce discours étrange, et il me le témoigna par une répartie si pleine d'humilité et de
modestie, qu'elle eût sans doute confondu l'orgueil qu'il voulait réfuter. J'essayai néanmoins
de lui faire connaître mon motif ; mais ma justification accrut son doute et il prit mes excuses
pour une obstination. J'avoue que son discours
était si beau, que, si j'eusse cru être en l'état
qu'il se figurait, il m'en eût retiré ; mais, comme
je ne pensais pas être dans cette maladie, je
m'opposai au remède qu'il me présentait. Mais
il le fortifiait d'autant plus que je semblais le
fuir, parce qu'il prenait mon refus pour endur-
cissement ; et plus il s'efforçait de continuer,
plus mes remerciements lui témoignaient que je
ne le tenais pas nécessaire. De sorte que toute
cette entrevue se passa dans cette équivoque et
dans un embarras qui a continué dans toutes
les autres et qui ne s'est pu débrouiller. Je ne
te rapporterai pas les autres mot à mot, parce
qu'il ne serait pas nécessaire ni à propos. Je te
dirai seulement en substance le principal de ce

qui s'y est dit ou, pour mieux dire, le principal de leur retenue.

Mais je te prie avant toutes choses de ne tirer aucune conséquence de tout ce que je te mande, parce qu'il pourrait m'échapper de ne pas dire les choses avec assez de justesse ; et cela te pourrait faire naître quelque soupçon peut-être aussi désavantageux qu'injuste. Car enfin, après y avoir bien songé, je n'y trouve qu'une obscurité où il serait dangereux et difficile de décider, et pour moi j'en suspends entièrement mon jugement, autant à cause de ma faiblesse que pour mon manque de connaissance [1]...

1. La suite manque.

VII

DE BLAISE PASCAL A MONSIEUR LE PAILLEUR [1]

Monsieur,

Puisque vous désirez de savoir ce qui m'a fait interrompre le commerce des lettres où le R. P. Noël m'avait fait l'honneur de m'engager, je veux vous satisfaire promptement ; et je ne doute pas que, si vous avez blâmé mon procédé avant que d'en savoir la cause, vous ne l'approuviez lorsque vous saurez les raisons qui m'ont retenu.

La plus forte de toutes est que le R. P. Talon [2], lorsqu'il prit la peine de m'apporter la dernière lettre du P. Noël, me fit entendre, en présence de trois de vos bons amis, que le P. Noël compatissait à mon indisposition, qu'il craignait que ma première lettre n'eût intéressé ma santé, et qu'il me priait de ne la pas hasarder par une

1. Ami d'Etienne Pascal. C'est sur ses conseils que celui-ci avait consenti à mettre entre les mains de son fils, âgé de douze ans, les *Eléments* d'Euclide. M. Léon Brunschvicg place la lettre qu'on va lire à février-mars 1648.

2. Le P. Nicolas Talon (1605-1691).

deuxième ; en un mot, de ne lui pas répondre ;
que nous pourrions nous éclaircir de bouche
des difficultés qui nous restaient, et qu'au reste
il me priait de ne montrer sa lettre à personne ;
que comme il ne l'avait écrite que pour moi, il
ne souhaitait pas qu'aucun autre la vît, et
que les lettres étant des choses particulières,
elles souffraient quelque violence quand elles
n'étaient pas secrètes.

J'avoue que si cette proposition m'était venue
d'une autre part que de celle de ces bons-Pères,
elle m'aurait été suspecte, et j'eusse craint que
celui qui me l'eût faite n'eût voulu se prévaloir
d'un silence où il m'aurait engagé par une
prière captieuse. Mais je doutai si peu de leur
sincérité, que je leur promis tout sans réserve
et sans crainte. J'ai ensuite tenu sa lettre secrète
et sans réponse avec un soin très particulier.
C'est de là que plusieurs personnes, et même de
ces Pères, qui n'étaient pas bien informés de
l'intention du P. Noël, ont pris sujet de dire
qu'ayant trouvé dans sa lettre la ruine de mes
sentiments, j'en ai dissimulé les beautés, de peur
de découvrir ma honte, et que ma seule faiblesse
m'a empêché de lui répartir.

Voyez, Monsieur, combien cette conjoncture

m'était contraire, puisque je n'ai pu cacher sa lettre sans désavantage, ni la publier sans infidélité ; et que mon honneur était également menacé par ma réponse et par mon silence, en ce que l'une trahissait ma promesse, et l'autre mon intérêt.

Cependant, j'ai gardé religieusement ma parole ; et j'avais remis de répartir à sa lettre dans le Traité où je dois répondre précisément à toutes les objections qu'on a faites contre cette proposition que j'ai avancée dans mon abrégé, « que cet espace n'est plein d'aucune des matières qui tombent sous les sens, et qui sont connues dans la nature ». Ainsi j'ai cru que rien ne m'obligeait de précipiter ma réponse, que je voulais rendre plus exacte en la différant pour un temps. A ces considérations, je joignis que, comme tous les différends de cette sorte demeurent éternels si quelqu'un ne les interrompt, et qu'ils ne peuvent être achevés si une des deux parties ne commence à finir, j'ai cru que l'âge, le mérite et la condition de ce Père m'obligeaient à lui céder l'avantage d'avoir écrit le dernier sur ce sujet. Mais outre toutes ces raisons, j'avoue que sa lettre seule suffisait pour me dispenser de lui répondre, et je m'assure

que vous trouverez qu'elle semble avoir été
exprès conçue en termes qui ne m'obligeaient
pas à lui répondre.

Pour le montrer, je vous ferai remarquer les
points qu'il a traités, mais par un ordre différent
du sien, et tel qu'il eût choisi, sans doute, dans
un ouvrage plus travaillé, mais qu'il n'a pas
jugé nécessaire dans la naïveté d'une lettre ; car
chacun de ces points se trouve épars dans tout
le corps de son discours, et couché en presque
toutes ses parties.

Il a dessein d'y déclarer que ma lettre lui a
fait quitter son premier sentiment, sans qu'il
puisse néanmoins s'accommoder au mien. Tellement que nous la pouvons considérer comme
divisée en deux parties, dont l'une contient les
choses qui l'empêchent de suivre ma pensée, et
l'autre celles qui appuient son deuxième sentiment. C'est sur chacune de ces parties que j'espère vous faire voir combien peu j'étais obligé
de répondre.

Pour la première, qui regarde les choses qui
l'éloignent de mon opinion, ses premières difficultés sont que cet espace ne peut être autre
chose qu'un corps, puisqu'il soutient et transmet
la lumière, et qu'il retarde le mouvement d'un

autre corps. Mais je croyais lui avoir assez montré, dans ma lettre, le peu de force de ces mêmes
objections que sa première contenait ; car je lui
ai dit en termes assez clairs, qu'encore que des
corps tombent avec le temps dans cet espace, et
que la lumière le pénètre, on ne doit pas attribuer ces effets à une matière qui le remplisse
nécessairement, puisqu'ils peuvent appartenir à
la nature du mouvement et de la lumière, et
que, tant que nous demeurerons dans l'ignorance où nous sommes de la nature de ces choses,
nous n'en devons tirer aucune conséquence,
puisqu'elle ne serait appuyée que sur l'incerti-
tude ; et que comme le P. Noël conclut de l'apparence de ces effets qu'une matière remplit cet
espace qui soutient la lumière et cause ce retardement, on peut, avec autant de raison, conclure de ces mêmes effets que la lumière se soutient dans le vide, et que le mouvement s'y fait
avec le temps ; vu que tant d'autres choses favo-
risaient cette dernière opinion, qu'elle était, au
jugement des savants, sans comparaison plus
vraisemblable que l'autre, avant même qu'elle
reçût les forces que ces expériences lui ont ap-
portées.

Mais s'il a marqué en cela d'avoir peu remar-

qué cette partie de ma lettre, il témoigne n'en
avoir pas entendu une autre, par la seconde des
choses qui le choquent dans mon sentiment ;
car il m'impute une pensée contraire aux termes
de ma lettre et de mon imprimé, et entièrement
opposée au fondement de toutes mes maximes.
C'est qu'il se figure que j'ai assuré, en termes
décisifs, l'existence réelle de l'espace vide ; et
sur cette imagination, qu'il prend pour une
vérité constante, il exerce sa plume pour montrer la faiblesse de cette assertion.

Cependant il a pu voir que j'ai mis, dans mon
imprimé, que ma conclusion est simplement
que mon sentiment sera « que cet espace est
vide, jusqu'à ce que l'on m'ait montré qu'une
matière le remplit » ; ce qui n'est pas une assertion réelle du vide, et il a pu voir aussi que j'ai
mis dans ma lettre ces mots qui me semblent
assez clairs : « Enfin, mon Révérend Père, considérez, je vous prie, que tous les hommes ensemble ne sauraient démontrer qu'aucun corps
succède à celui qui quitte l'espace vide en apparence, et qu'il n'est pas possible encore à tous
les hommes de montrer que, quand l'eau y
remonte, quelque corps en soit sorti. Cela ne
suffirait-il pas, suivant vos maximes, pour assu-

rer que cet espace est vide ? Cependant je dis
simplement que mon sentiment est qu'il est
vide. Jugez si ceux qui parlent avec tant de retenue d'une chose où ils ont droit de parler avec
tant d'assurance, pourront faire un jugement
décisif de l'existence de cette matière ignée, si
douteuse et si peu établie. »

Aussi, je n'aurais jamais imaginé ce qui lui
avait fait naître cette pensée, s'il ne m'en avertissait
lui-même dans la première page, où il
rapporte fidèlement la distinction que j'ai donnée
de l'espace vide dans ma lettre, qui est
telle : « Ce que nous appelons espace vide est
un espace ayant longueur, largeur et profondeur,
et immobile, et capable de recevoir et de
contenir un corps de pareille longueur et figure ;
et c'est ce qu'on appelle *solide* en géométrie, où
l'on ne considère que les choses abstraites et
immatérielles. » Après avoir rapporté mot à mot
cette définition, il en tire immédiatement cette
conséquence : « Voilà, Monsieur, votre pensée
de l'espace vide fort bien expliquée ; je veux
croire que tout cela vous est évident, et en
avez l'esprit convaincu et pleinement satisfait,
puisque vous l'affirmez. »

S'il n'avait pas rapporté mes propres termes,

j'aurais cru qu'il ne les avait pas bien lus, ou qu'ils avaient été mal écrits, et qu'au lieu du premier mot : *j'appelle*, il aurait trouvé celui-ci : *j'assure ;* mais, puisqu'il a rapporté ma période entière, il ne me reste qu'à penser qu'il conçoit une conséquence nécessaire de l'un de ces termes à l'autre, et qu'il ne met point de différence entre définir une chose et assurer son existence.

C'est pourquoi il a cru que j'ai assuré l'existence réelle du vide, par les termes mêmes dont je l'ai défini. Je sais que ceux qui ne sont pas accoutumés de voir les choses traitées dans le véritable ordre, se figurent qu'on ne peut définir une chose sans être assuré de son être ; mais ils devraient remarquer que l'on doit toujours définir les choses, avant que de chercher si elles sont possibles ou non, et que les degrés qui nous mènent à la connaissance des vérités sont la définition, l'axiome et la preuve : car d'abord nous concevons l'idée d'une chose ; ensuite nous donnons un nom à cette idée, c'est-à-dire que nous la définissons ; et enfin nous cherchons si cette chose est véritable ou fausse. Si nous trouvons qu'elle est impossible, elle passe pour une fausseté ; si nous démontrons qu'elle est vraie, elle passe pour vérité ; et tant qu'on ne peut prouver sa possibilité ni son impossibilité, elle passe pour imagination. D'où il est évident qu'il n'y a point de liaison nécessaire entre la définition d'une chose et l'assurance de son être ; et que l'on peut aussi bien définir une chose impossible qu'une véritable. Ainsi on peut appeler un triangle rectiligne et rectangle celui qu'on s'imaginerait avoir deux angles droits, et montrer ensuite qu'un tel triangle est impossible ; ainsi Euclide définit d'abord les parallèles, et montre après qu'il y en peut avoir ; et la définition du cercle précède le *postulat* qui en propose la possibilité ; ainsi les astronomes ont donné des noms aux cercles concentriques, excentriques et épicycles qu'ils ont imaginés dans les cieux, sans être assurés que les astres décrivent en effet tels cercles par leurs mouvements ; ainsi les Péripatéticiens ont donné un nom à cette sphère de feu, dont il serait difficile de démontrer la vérité.

C'est pourquoi, quand je me suis voulu opposer aux décisions du P. Noël, qui excluaient le vide de la nature, j'ai cru ne pouvoir entrer dans cette recherche, ni même en dire un mot, avant que d'avoir déclaré ce que j'entends par le mot de *vide*, où je me suis senti plus obligé par quelques endroits de la première lettre de ce Père, qui me faisaient juger que la notion qu'il en avait n'était pas conforme à la mienne. J'ai vu qu'il ne pouvait distinguer les dimensions d'avec la matière, ni l'immatérialité d'avec le néant ; et que cette confusion lui faisait conclure que, quand je donnais à cet espace la longueur, la largeur et la profondeur, je m'engageais à dire qu'il était un corps ; et qu'aussitôt que je le faisais immatériel, je le réduisais au néant. Pour débrouiller toutes ces idées, je lui en ai donné cette définition, où il peut voir que la chose que nous concevons et que nous exprimons par le mot d'*espace vide* tient le milieu entre la matière et le néant, sans participer ni à l'un ni à l'autre ; qu'il diffère du néant par ses dimensions ; et que son irrésistance et son immobilité le distinguent de la matière : tellement qu'il se maintient entre ces deux extrêmes, sans se confondre avec aucun des deux.

Vers la fin de sa lettre, il ramasse dans une période toutes ses difficultés, pour leur donner plus de force en les joignant. Voici ses termes (p. xi) : « *Cet espace qui n'est ni Dieu, ni créature, ni corps, ni esprit, ni substance, ni acci-*

dent, qui transmet la lumière sans être trans-
parent, qui résiste sans résistance, qui est immo-
bile et se transporte avec le tube, qui est partout
et nulle part, qui fait tout et ne fait rien. Ce sont
les admirables qualités de l'espace vide : en tant
qu'espace, il est et fait merveilles ; en tant que
vide, il n'est et ne fait rien ; en tant qu'espace,
il est long, large et profond ; en tant que vide, il
exclut la longueur, la largeur et la profondeur.
S'il est besoin, je montrerai toutes ces belles
propriétés, en conséquence de l'espace vide. »

Comme une grande suite de belles choses devient enfin ennuyeuse par sa propre longueur,
je crois que le P. Noël s'est ici lassé d'en avoir
tant produit ; et que, prévoyant un pareil ennui
à ceux qui les auraient vues, il a voulu descendre
d'un style plus grave dans un moins sérieux,
pour les délasser par cette raillerie, afin qu'après
leur avoir fourni tant de choses qui exigeaient
une admiration pénible, il leur donnât, par charité, un sujet de divertissement. J'ai senti le premier l'effet de cette bonté ; et ceux qui verront
sa lettre ensuite, l'éprouveront de même : car
il n'y a personne qui, après avoir lu ce que je
lui avais écrit, ne rie des conséquences qu'il en
tire, et de ces antithèses opposées avec tant de

justesse, qu'il est aisé de voir qu'il s'est bien plus étudié à rendre ses termes contraires les uns aux autres, que conformes à la raison et à la vérité.

Car pour examiner les objections en particulier : *Cet espace, dit-il, n'est ni Dieu, ni créature.* Les mystères qui concernent la Divinité sont trop saints pour les profaner par nos disputes ; nous devons en faire l'objet de nos adorations, et non pas le sujet de nos entretiens : si bien que, sans en discourir en aucune sorte, je me soumets entièrement à ce qu'en décideront ceux qui ont droit de le faire.

Ni corps, ni esprit. Il est vrai que l'espace n'est ni corps, ni esprit ; mais il est espace : ainsi le temps n'est ni corps, ni esprit ; mais il est temps : et comme le temps ne laisse pas d'être, quoiqu'il ne soit aucune de ces choses, ainsi l'espace vide peut bien être, sans pour cela être ni corps, ni esprit.

Ni substance, ni accident. Cela est vrai, si l'on entend par le mot de *substance* ce qui est ou corps ou esprit ; car, en ce sens, l'espace ne sera ni substance, ni accident ; mais il sera espace, comme, en ce même sens, le temps n'est ni substance, ni accident ; mais il est temps, parce

que pour être, il n'est pas nécessaire d'être
substance ou accident : comme plusieurs de
leurs Pères soutiennent que Dieu n'est ni l'un
ni l'autre, quoiqu'il soit le souverain Etre.

Qui transmet la lumière sans être transparent.
Ce discours a si peu de lumière, que je ne puis
l'apercevoir : car je ne comprends pas quel sens
ce Père donne à ce mot *transparent*, puisqu'il
trouve que l'espace vide ne l'est pas. Car, s'il
entend par la transparence, comme tous les opti-
ciens, la privation de tout obstacle au passage
de la lumière, je ne vois pas pourquoi il en
frustre notre espace, qui la laisse passer libre-
ment : si bien que, parlant sur ce sujet avec
mon peu de connaissance, je lui eusse dit que
ces termes *transmet la lumière*, qui ne sont
propres qu'à sa façon d'imaginer la lumière, ont
le même sens que ceux-ci : *laisser passer la
lumière* ; et qu'*il est transparent*, c'est-à-dire
qu'il ne lui porte point d'obstacle ; en quoi je
ne trouve point d'absurdité ni de contradiction.

Il résiste sans résistance. Comme il ne juge
de la résistance de cet espace que par le temps
que les corps y emploient dans leurs mouvements, et que nous avons tant discouru sur la
nullité de cette conséquence, on verra qu'il n'a

pas raison de dire qu'il résiste : et il se trouvera,
au contraire, que cet espace ne résiste point ou
qu'il est sans résistance, où je ne vois rien que
de très conforme à la raison.

Qui est immuable et se transporte avec le tube.
Ici le P. Noël montre combien peu il pénètre
dans le sentiment qu'il veut réfuter ; et j'aurais
à le prier de remarquer sur ce sujet que, quand
un sentiment est embrassé par plusieurs personnes savantes, on ne doit point faire d'estime
des objections qui semblent le ruiner, quand
elles sont très faciles à prévoir, parce qu'on doit
croire que ceux qui le soutiennent y ont déjà
pris garde, et qu'étant facilement découvertes,
ils en ont trouvé la solution puisqu'ils continuent dans cette pensée. Or, pour examiner
cette difficulté en particulier, si ces antithèses
ou contrariétés n'avaient autant ébloui son
esprit que charmé ses imaginations, il aurait
pris garde sans doute que, quoi qu'il en paraisse,
le vide ne se transporte pas avec le tuyau, et que
l'immobilité est aussi naturelle à l'espace que le
mouvement l'est au corps. Pour rendre cette
vérité évidente, il faut remarquer que l'espace,
en général, comprend tous les corps de la nature, dont chacun en particulier en occupe une

certaine partie ; mais qu'encore qu'ils soient tous mobiles, l'espace qu'ils remplissent ne l'est pas ; car, quand un corps est mû d'un lieu à l'autre, il ne fait que changer de place, sans porter avec soi celle qu'il occupait au temps de son repos. En effet, que fait-il autre chose que de quitter sa première place immobile, pour en prendre successivement d'autres aussi immobiles ? Mais celle qu'il a laissée demeure toujours ferme et inébranlable, si bien qu'elle devient, ou pleine d'un autre corps si quelqu'un lui succède, ou vide si pas un ne s'offre pour lui succéder ; mais soit ou vide ou plein, toujours dans un pareil repos, ce vaste espace, dont l'amplitude embrasse tout, est aussi stable et immobile en chacune de ses parties comme il l'est en son total. Ainsi je ne vois pas comment le P. Noël a pu prétendre que le tuyau communique son mouvement à l'espace vide, puisque, n'ayant nulle consistance pour être poussé, n'ayant nulle prise pour être tiré, et n'étant susceptible, ni de la pesanteur, ni d'aucune des facultés attractives, il est visible qu'on ne le peut faire changer. Ce qui l'a trompé est que, quand on a porté le tuyau d'un lieu à un autre, il n'a vu aucun changement au dedans ; c'est pourquoi il a pensé que cet espace était toujours le même parce qu'il était toujours pareil à lui-même. Mais il devait remarquer que l'espace que le tuyau enferme dans une situation n'est pas le même que celui qu'il comprend dans la seconde ; et que dans la succession de son mouvement, il acquiert continuellement de nouveaux espaces : si bien que celui qui était vide dans la première de ses positions devient plein d'air, quand il en part pour prendre la seconde, dans laquelle il rend vide l'espace qu'il rencontre, au lieu qu'il était plein d'air auparavant ; mais l'un et l'autre de ces espaces alternativement pleins et vides demeurent toujours également immobiles. D'où il est évident qu'il est hors de propos de croire que l'espace vide change de lieu ; et ce qui est le plus étrange est que la matière dont le Père le remplit est telle, que, suivant son hypothèse même, elle ne saurait se transporter avec le tuyau ; car comme elle entrerait et sortirait par les pores du verre avec une facilité tout entière, sans lui adhérer en aucune sorte, comme l'eau dans un vaisseau percé de toutes parts, il est visible qu'elle ne se porterait pas avec lui, comme nous voyons que ce même tuyau ne transporte pas la lumière, parce qu'elle le perce sans peine et sans engagements, et que notre espace même exposé au soleil change de rayons quand il change de place, sans porter avec soi, dans sa seconde place, la lumière qui le remplissait dans la première, et que, dans les différentes situations, il reçoit des rayons différents, aussi bien que des divers espaces.

Enfin, le P. Noël s'étonne qu'*il fasse tout et ne fasse rien ; qu'il soit partout et nulle part ; qu'il soit et fasse merveilles, bien qu'il ne soit point ; qu'il ait des dimensions sans en avoir.* Si ce discours a du sens, je confesse que je ne le comprends pas ; c'est pourquoi je ne me tiens pas obligé d'y répondre.

Voilà, Monsieur, quelles sont ses difficultés et les choses qui le choquent dans mon sentiment ; mais comme elles témoignent plutôt qu'il n'entend pas ma pensée, que non pas qu'il la contredise, et qu'il semble qu'il y trouve plutôt de l'obscurité que des défauts, j'ai cru qu'il en trouverait l'éclaircissement dans ma lettre, s'il prenait la peine de la voir avec plus d'attention ; et qu'ainsi je n'étais pas obligé de lui répondre, puisqu'une seconde lecture suffirait pour résoudre les doutes que la première avait fait naître.

Pour la deuxième partie de sa lettre, qui regarde le changement de sa première pensée et l'établissement de la seconde, il déclare d'abord le sujet qu'il a de nier le vide. La raison qu'il en rapporte est que le vide ne tombe sous aucun des sens ; d'où il prend sujet de dire que, comme je nie l'existence de la matière, par cette seule raison qu'elle ne donne aucune marque sensible de son être, et que l'esprit n'en conçoit aucune nécessité, il peut, avec autant de force, et davantage, nier le vide, parce qu'il a cela de commun avec elle, que pas un des sens ne l'aperçoit. Voici ses termes : « *Nous disons qu'il y a de l'eau, parce que nous la voyons et la touchons ; nous disons qu'il y a de l'air dans un ballon enflé, parce que nous sentons la résistance ; qu'il y a du feu, parce que nous sentons la chaleur ; mais le vide véritable ne touche aucun sens.* »

Mais je m'étonne qu'il fasse un parallèle de choses si inégales, et qu'il n'ait pas pris garde que, comme il n'y a rien de si contraire à l'être que le néant, ni à l'affirmation que la négation, on procède aux preuves de l'un et de l'autre par des moyens contraires ; et que ce qui fait l'établissement de l'un est la ruine de l'autre.

Car que faut-il pour arriver à la connaissance du néant, que de connaître une entière privation de toutes sortes de qualités et d'effets ; au lieu que, s'il en paraissait un seul, on conclurait, au contraire, l'existence réelle d'une cause qui le produirait ? Et ensuite il dit : « *Voyez, Monsieur, lequel de nous deux est le plus croyable, ou vous qui affirmez un espace qui ne tombe point sous les sens, et qui ne sert ni à l'art ni à la nature, et ne l'employez que pour décider une question fort douteuse*, etc. »

Mais, Monsieur, je vous laisse à juger, lorsqu'on ne voit rien, et que les sens n'aperçoivent rien dans un lieu, lequel est mieux fondé, ou de celui qui affirme qu'il y a quelque chose, quoiqu'il n'aperçoive rien, ou de celui qui pense qu'il n'y a rien, parce qu'il ne voit aucune chose.

Après que le P. Noël a déclaré, comme nous venons de le voir, la raison qu'il a d'exclure le vide, et qu'il a pris sujet de le nier sur cette même privation de qualités qui donne si justement lieu aux autres de le croire, et qui est le seul moyen sensible de parvenir à sa preuve, il entreprend maintenant de montrer que c'est un corps. Pour cet effet, il s'est imaginé une définition du corps qu'il a conçue exprès, en sorte qu'elle convienne à notre espace, afin qu'il pût en tirer sa conséquence avec facilité. Voici ses termes : « *Je définis le corps ce qui est composé de parties les unes hors les autres, et dis que tout corps est espace, quand on le considère entre les extrémités, et que tout autre espace est corps, parce qu'il est composé de parties les unes hors les autres.* »

Mais il n'est pas ici question, pour montrer que notre espace n'est pas vide, de lui donner le nom de corps, comme le P. Noël a fait, mais de montrer que c'est un corps, comme il a prétendu faire. Ce n'est pas qu'il ne lui soit permis de donner à ce qui a des parties les unes hors les autres tel nom qu'il lui plaira ; mais il ne tirera pas grand avantage de cette liberté ; car le mot de *corps*, par le choix qu'il en a fait, devient équivoque, si bien qu'il y aura deux sortes de choses entièrement différentes, et même hétérogènes, que l'on appellera *corps* : l'une, ce qui a des parties les unes hors les autres ; car on l'appellera *corps*, suivant le P. Noël ; l'autre, une substance matérielle, mobile et impénétrable ; car on l'appellera *corps* dans l'ordinaire. Mais il ne pourra pas conclure de cette ressemblance de noms une ressemblance de propriétés entre ces choses, ni montrer, par ce moyen, que ce qui a des parties les unes hors les autres soit la même chose qu'une substance matérielle, immobile, impénétrable, parce qu'il n'est pas en son pouvoir de les faire convenir de nature aussi bien que de nom. Comme s'il avait donné à ce qui a des parties les unes hors les autres le nom d'*eau*, d'*esprit*, de *lumière*, comme il aurait pû faire aussi aisément que celui de *corps*, il n'en aurait pu conclure que notre espace fût aucune de ces choses : ainsi quand il a nommé *corps* ce qui a des parties les unes hors les autres, et qu'il dit, en conséquence de cette définition, *je dis que tout espace est corps*, on doit prendre le mot de *corps* dans le sens qu'il vient de lui donner : de sorte que, si nous substituons la définition à la place du défini, ce qui se peut toujours faire sans altérer le sens d'une proposition, il se trouvera que cette conclusion, que tout espace est corps, n'est autre chose que celle-ci : que tout espace a des parties les unes hors les autres ; mais non pas que tout espace est matériel, comme le P. Noël s'est figuré. Je ne m'arrêterai pas davantage sur une conséquence dont la faiblesse est

si évidente, puisque je parle à un excellent géomètre, et que vous avez autant d'adresse pour
découvrir les fautes de raisonnement, que de
force pour les éviter.

Le R. P. Noël, passant plus avant, veut montrer quel est ce corps ; et pour établir sa pensée,
il commence par un long discours, dans lequel
il prétend prouver le mélange continuel et nécessaire des éléments, et où il ne montre autre
chose, sinon qu'il se trouve quelques parties
d'un élément parmi celles d'un autre, et qu'ils
sont brouillés plutôt par accident que par nature : de sorte qu'il pourrait arriver qu'ils se
sépareraient sans violence, et qu'ils reviendraient
d'eux-mêmes dans leur première simplicité ; car
le mélange naturel de deux corps est lorsque
leur séparation les fait tous deux changer de
nom et de nature, comme celui de tous les mé-
taux et de tous les mixtes : parce que, quand on
a ôté, de l'or, le mercure qui entre en sa composition, ce qui reste n'est plus or. Mais dans le
mélange que le P. Noël nous figure, on ne voit
qu'une confusion violente de quelques vapeurs
éparses parmi l'air, qui s'y soutiennent comme
la poussière, sans qu'il paraisse qu'elles entrent
dans la composition de l'air, et de même dans

les autres mélanges. Et pour celui de l'eau et
de l'air, qu'il donne pour le mieux démontrer,
et qu'il dit prouver péremptoirement par ces
soufflets qui se font par le moyen de la chute
de l'eau dans une chambre close presque de toutes
parts, et que vous voyez expliquée au long dans
sa lettre : il est étrange que ce Père n'ait pas
pris garde que cet air qu'il dit sortir de l'eau
n'est autre chose que l'air extérieur qui se porte
avec l'eau qui tombe, et qui a une facilité tout
entière d'y entrer par la même ouverture, parce
qu'elle est plus grande que celle par où l'eau
s'écoule : si bien que l'eau qui s'écarte en tom-
bant dans cette ouverture y entraîne tout l'air
qu'elle rencontre et qu'elle enveloppe, dont elle
empêche la sortie par la violence de sa chute
et par l'impression de son mouvement ; de sorte
que l'air qui entre continuellement dans cette
ouverture sans en pouvoir jamais sortir, fuit avec
violence par celle qu'il trouve libre, et comme
cette épreuve est la seule par laquelle il prouve
le mélange de l'eau et de l'air, et qu'elle ne le
montre en aucune sorte, il se trouve qu'il ne le
prouve nullement.

Le mélange qu'il prouve le moins, et dont il
a le plus affaire, est celui du feu avec les autres

éléments ; car tout ce qu'on peut conclure de l'expérience du mouchoir et du chat est que quelques-unes de leurs parties les plus grasses et les plus huileuses s'enflamment par la friction, y étant déjà disposées par la chaleur. Ensuite il nous déclare que son sentiment est que notre espace est plein de cette matière ignée, dilatée et mêlée, comme il suppose sans preuves, parmi tous les éléments, et étendue dans tout l'univers. Voilà la matière qu'il met dans le tuyau ; et pour la suspension de la liqueur, il l'attribue au poids de l'air extérieur. J'ai été ravi de le voir en cela entrer dans le sentiment de ceux qui ont examiné ces expériences avec le plus de pénétration ; car vous savez que la lettre du grand Torricelli, écrite au seigneur Ricci il y a plus de quatre ans, montre qu'il était dès lors dans cette pensée, et que tous nos savants s'y accordent et s'y confirment de plus en plus. Nous en attendons néanmoins l'assurance de l'expérience qui s'en doit faire sur une de nos hautes montagnes ; mais je n'espère la recevoir que dans quelque temps, parce que, sur les lettres que j'en ai écrites il y a plus de six mois, on m'a toujours mandé que les neiges rendent leurs sommets inaccessibles.

Voilà donc quelle est sa seconde ; et quoiqu'il semble qu'il y ait peu de différence entre cette matière et celle qu'il y plaçait dans sa première lettre, elle est néanmoins plus grande qu'il ne paraît, et voici en quoi :

Dans sa première pensée, la nature abhorrait le vide, et en faisait ressentir l'horreur ; dans la seconde, la nature ne donne aucune marque de l'horreur qu'elle a pour le vide, et ne fait aucune chose pour l'éviter. Dans la première, il établissait une adhérence mutuelle à tous les corps de la nature ; dans la seconde, il ôte toute cette adhérence et tout ce désir d'union. Dans la première il donnait une faculté attractive à cette matière subtile et à tous les autres corps ; dans la seconde il abolit toute cette attraction active et passive. Enfin il lui donnait beaucoup de propriétés dans sa première, dont il la frustre dans la seconde ; si bien que s'il y a quelques degrés pour tomber dans le néant, elle est maintenant au plus proche, et il semble qu'il n'y ait que quelque reste de préoccupation qui l'empêche de l'y précipiter.

Mais je voudrais bien savoir de ce Père d'où lui vient cet ascendant qu'il a sur la nature, et cet empire qu'il exerce si absolument sur les éléments qui lui servent avec tant de dépendance, qu'ils changent de propriétés à mesure qu'il change de pensées, et que l'univers accommode ses effets à l'inconstance de ses intentions. Je ne comprends pas quel aveuglement peut être à l'épreuve de cette lumière, et comment on peut donner quelque croyance à des choses que l'on fait naître et que l'on détruit avec une pareille facilité.

Mais la plus grande différence que je trouve entre ces deux opinions est que le P. Noël assurait affirmativement la vérité de la première, et qu'il ne propose la seconde que comme une simple pensée. C'est ce que ma première lettre a obtenu de lui, et le principal effet qu'elle a eu sur son esprit : si bien que comme j'avais répondu à sa première opinion que je ne croyais pas qu'elle eût les conditions nécessaires pour l'assurance d'une chose, je dirai sur la seconde que, puisqu'il ne la donne que comme une pensée, et qu'il n'a ni la raison ni le sens pour témoins de la matière qu'il établit, je le laisse dans son sentiment, comme je laisse dans leur sentiment ceux qui pensent qu'il y a des habitants dans la lune, et que dans les terres polaires et inaccessibles il se trouve des hommes entièrement différents des autres.

Ainsi, Monsieur, vous voyez que le P. Noël place dans le tuyau une matière subtile répandue par tout l'univers, et qu'il donne à l'air extérieur la force de soutenir la liqueur suspendue. D'où il est aisé de voir que cette pensée n'est en aucune chose différente de celle de M. Descartes, puisqu'il convient dans la cause de la suspension du vif-argent, aussi bien que dans la matière qui remplit cet espace, comme il se voit par ses propre termes dans la page 6 où il dit que cette matière, qu'il appelle *air subtil*, est la même que celle que M. Descartes nomme *matière subtile*. C'est pourquoi j'ai cru être moins obligé de lui répartir, puisque je dois rendre cette réponse à celui qui est l'inventeur de cette opinion.

Comme j'écrivais ces dernières lignes, le P. Noël m'a fait l'honneur de m'envoyer son livre sur un autre sujet, qu'il intitule *le Plein du vide ;* et a donné charge à celui qui a pris la peine de l'apporter de m'assurer qu'il n'y avait rien contre moi, et que toutes les paroles qui paraissaient aigres ne s'adressaient pas à moi, mais au R. P. *Valerianus Magnus*, Capucin [1]. Et la raison qu'il m'en a donnée est que ce Père soutient affirmativement le vide, au lieu que je fais seulement profession de m'opposer à ceux qui décident sur ce sujet. Mais le P. Noël m'en aurait mieux déchargé, s'il avait rendu ce témoignage aussi public que le soupçon qu'il en a donné.

J'ai parcouru ce livre, et j'ai trouvé qu'il y prend une nouvelle pensée, et qu'il place dans notre tuyau une matière approchante de la première ; mais qu'il attribue la suspension du vif-argent à une qualité qu'il lui donne, qu'il appelle *légèreté mouvante*, et non pas au poids de l'air extérieur, comme il faisait dans sa lettre.

Et pour faire succinctement un petit examen du livre, le titre promet d'abord la démonstration du plein par des expériences nouvelles, et sa confirmation par les miennes. A l'entrée du livre, il s'érige en défenseur de la nature, et par une allégorie peut-être un peu trop continuée, il fait un procès dans lequel il la fait plaindre

1. Valeriano Magni, capucin italien, originaire du Milanais, mort à Salzbourg en 1661. Pascal reparlera de ce religieux dans la quinzième et dans la seizième provinciales.

de l'opinion du vide, comme d'une calomnie ;
et sans qu'elle lui en ait témoigné un ressentiment, ni qu'elle lui ait donné charge de la défendre, il fait fonction de son avocat. Et en
cette qualité, il assure de montrer l'imposture
et les fausses dépositions des témoins qu'on lui
confronte — c'est ainsi qu'il appelle nos expériences — et promet de donner témoin contre
témoin, c'est-à-dire expérience pour expérience,
et de démontrer que les nôtres ont été mal reconnues, et encore plus mal avérées. Mais dans
le corps du livre, quand il est question d'acquitter ces grandes promesses, il ne parle plus qu'en
doutant ; et après avoir fait espérer une si haute
vengeance, il n'apporte que des conjectures au
lieu de convictions. Car dans le troisième chapitre, où il veut établir que c'est un corps, il
dit simplement qu'il trouve beaucoup plus rai-
sonnable de dire que c'est un corps. Quand il
est question de montrer le mélange des éléments, il n'ajoute que des choses très faibles à
celles qu'il avait dites dans sa lettre. Quand il
est question de montrer la plénitude du monde,
il n'en donne aucune preuve ; et sur ces vaines
apparences, il établit son *œther* imperceptible
à tous les sens, avec la légèreté imaginaire qu'il
lui donne.

Ce qui est étrange, c'est qu'après avoir donné
des doutes, pour appuyer son sentiment il le
confirme par des expériences fausses ; il les propose néanmoins avec une hardiesse telle qu'elles
seraient reçues pour véritables de tous ceux qui
n'ont point vu le contraire ; car il dit que les
yeux le font voir ; que tout cela ne se peut
nier ; qu'on le voit à l'œil, quoique les yeux
nous fassent voir le contraire. Ainsi il est évident qu'il n'a vu aucune des expériences dont
il parle ; et il est étrange qu'il ait parlé avec tant
d'assurance de choses qu'il ignorait, et dont on
lui a fait un rapport très peu fidèle. Car je veux
croire qu'il ait été trompé lui-même, et non pas
qu'il ait voulu tromper les autres ; et l'estime
que je fais de lui me fait juger plutôt qu'il a été
trop crédule, que peu sincère : et certainement
il a sujet de se plaindre de ceux qui lui ont dit
qu'un soufflet plein de ce vide apparent, étant
débouché et fermé avec promptitude, pousse au
dehors une matière aussi sensible que l'air ; et
qu'un tuyau plein de vif-argent et de ce même
vide, étant renversé, le vif-argent tombe aussi
lentement dans ce vide que dans l'air, et que
ce vide retarde son mouvement naturel autant
que l'air, et enfin beaucoup d'autres choses qu'il

rapporte ; car je l'assure, au contraire, que l'air
y entre, et que le vif-argent tombe dans ce vide
avec une extrême impétuosité, etc.

Enfin, pour vous faire voir que le P. Noël n'entend pas les expériences de mon imprimé, je
vous prie de remarquer ce trait ici entre autres :
J'ai dit dans les premières de mes expériences
qu'il a rapportées, « qu'une seringue de verre
avec un piston bien juste, plongée entièrement
dans l'eau, et dont on bouche l'ouverture avec
le doigt, en sorte qu'il touche au bas du piston,
mettant pour cet effet la main et le bras dans
l'eau, on n'a besoin que d'une force médiocre
pour l'en retirer, et faire qu'il se désunisse du
doigt sans que l'eau y entre en aucune façon,
ce que les philosophes ont cru ne se pouvoir
faire avec aucune force finie ; et ainsi le doigt
se sent souvent attiré avec douleur ; et le piston
laisse un espace vide en apparence, où il ne paraît qu'aucun corps ait pu succéder, puisqu'il
est tout entouré d'eau qui n'a pu y avoir d'accès, l'ouverture en étant bouchée ; et si on tire
le piston davantage, l'espace vide en apparence
devient plus grand, mais le doigt n'en sent pas
plus d'attraction. » Il a cru que ces mots : *n'en
sent pas plus d'attraction*, ont le même sens

que ceux-ci : *n'en sent plus aucune attraction ;*
au lieu que, suivant toutes les règles de la
grammaire, ils signifient que le doigt ne sent
pas une attraction plus grande. Et comme il
ne connaît les expériences que par écrit, il a
pensé qu'en effet le doigt ne sentait plus aucune
attraction, ce qui est absolument faux, car on la
ressent toujours également. Mais l'hypothèse de
ce Père est si accommodante, qu'il a démontré,
par une suite nécessaire de ses principes, pourquoi le doigt ne sent plus aucune attraction,
quoique cela soit absolument faux. Je crois qu'il
pourra rendre aussi facilement la raison du
contraire par les mêmes principes. Mais je sais
quelle estime les personnes judicieuses feront
de sa façon de montrer qu'il prouve avec une
pareille force l'affirmative et la négative d'une
même proposition.

Vous voyez par là, Monsieur, que le P. Noël
appuie cette matière invisible sur des expériences fausses, pour en expliquer d'autres qu'il
a mal entendues. Aussi était-il bien juste qu'il
se servît d'une matière que l'on ne saurait voir
et qu'on ne peut comprendre, pour répondre à
des expériences qu'il n'a pas vues et qu'il n'a
pas comprises. Quand il en sera mieux informé,

je ne doute pas qu'il ne change de pensée, et surtout pour sa légèreté mouvante ; c'est pourquoi il faut remettre la réponse de ce livre lorsque ce Père l'aura corrigé, et qu'il aura reconnu la fausseté des faits et l'imposture des témoins qu'il oppose, et qu'il ne fera plus le procès à l'opinion du vide sur des expériences mal reconnues et encore plus mal avérées.

En écrivant ces mots, je viens de recevoir un billet imprimé de ce Père, qui renverse la plus grande partie de son livre : il révoque la légèreté mouvante de l'*œther*, en rappelant le poids de l'air extérieur pour soutenir le vif-argent. De sorte que je trouve qu'il est assez difficile de réfuter les pensées de ce Père, puisqu'il est le premier plus prompt à les changer qu'on ne peut être à lui répondre ; et je commence à voir que sa façon d'agir est bien différente de la mienne, parce qu'il produit ses opinions à mesure qu'il les conçoit ; mais leurs contrariétés propres suffisent pour en montrer l'insolidité, puisque le pouvoir avec lequel il dispose de cette matière témoigne assez qu'il en est l'auteur, et partant qu'elle ne subsiste que dans son imagination.

Tous ceux qui combattent la vérité sont

sujets à une semblable inconstance de pensées, et ceux qui tombent dans cette variété sont suspects de la contredire. Aussi est-il étrange de voir, parmi ceux qui soutiennent le plein, le grand nombre d'opinions différentes qui s'entrechoquent : l'un soutient l'*œther*, et exclut toute autre matière ; l'autre, les esprits de la liqueur, au préjudice de l'*œther* ; l'autre, l'air enfermé dans les pores des corps, et bannit toute autre chose ; l'autre, de l'air raréfié et vide de tout autre corps. Enfin il s'en est trouvé qui, n'ayant pas osé y placer l'immensité de Dieu, ont choisi parmi les hommes une personne assez illustre par sa naissance et par son mérite, pour y placer son esprit et le faire remplir toutes choses [1]. Ainsi chacun d'eux a tous les autres pour ennemis ; et comme tous conspirent à la perte d'un seul, il succombe nécessairement. Mais comme ils ne triomphent que les uns des autres, ils sont tous victorieux, sans que pas un puisse se prévaloir de sa victoire, parce que tout cet avantage naît de leur propre confusion. De sorte qu'il n'est pas nécessaire de les combattre

1. Le prince de Conti, à qui le P. Noël avait dédié son livre, en termes qu'on trouvera à l'appendice, dans une lettre du père de Pascal à ce religieux.

pour les ruiner, puisqu'il suffit de les abandonner à eux-mêmes, parce qu'ils composent un corps divisé, dont les membres contraires les uns aux autres se déchirent intérieurement, au lieu que ceux qui favorisent le vide demeurent dans une unité toujours égale à elle-même, qui, par ce moyen, a tant de rapport avec la vérité qu'elle doit être suivie, jusqu'à ce qu'elle nous paraisse à découvert. Car ce n'est pas dans cet embarras et dans ce tumulte qu'on doit la chercher ; et l'on ne peut la trouver hors de cette maxime qui ne permet que de décider des choses évidentes, et qui défend d'assurer ou de nier celles qui ne le sont pas. C'est ce juste milieu et ce parfait tempérament dans lequel vous vous tenez avec tant d'avantage, et où, par un bonheur que je ne puis assez reconnaître, j'ai été toujours élevé avec une méthode singulière et des soins plus que paternels.

Voilà, Monsieur, quelles sont les raisons qui m'ont retenu, que je n'ai pas cru vous devoir cacher davantage ; et, quoiqu'il semble que je donne celle-ci plutôt à mon intérêt qu'à votre curiosité, j'espère que ce doute n'ira pas jusqu'à vous, puisque vous savez que j'ai bien moins d'inquiétude pour ces fantasques points d'honneur que de passion pour vous entretenir, et que je trouve bien moins de charme à défendre mes sentiments, qu'à vous assurer que je suis de tout mon cœur,

Monsieur,

Votre très humble et très obéissant serviteur.

PASCAL.

VIII

DE BLAISE PASCAL A MADAME PERIER [1]

Ce 1ᵉʳ Avril 1648.

Nous ne savons si celle-ci sera sans fin aussi
bien que les autres, mais nous savons bien que
nous voudrions bien t'écrire sans fin. Nous avons
ici la lettre de M. de Saint-Cyran, *De la vocation* [2], imprimée depuis peu sans approbation
ni privilège, et qui a choqué beaucoup de monde.
Nous la lisons ; nous te l'enverrons après. Nous
serons bien aises d'en savoir ton sentiment et
celui de Monsieur mon père. Elle est fort relevée.

Nous avons plusieurs fois commencé à t'écrire,
mais j'en ai été retenu par l'exemple et par les
discours ou, si tu veux, par les rebuffades que
tu sais, mais après nous en être éclaircis tant
que nous avons pu, je crois que, s'il faut y apporter quelque circonspection, et s'il y a des

1. Publiée par Faugère, t. I, p. 7.
2. *Lettres de Messire Jean du Verger de Hauranne, abbé
de Saint-Cyran, à un Ecclésiastique de ses amis touchant
les Dispositions à la Prêtrise.* M. DC. XLII.

occasions où l'on ne doit pas parler de ces choses, nous en sommes dispensés ; car comme nous ne doutons point l'un de l'autre, et que nous sommes comme assurés mutuellement que nous n'avons dans tous ces discours que la gloire de Dieu pour objet, et presque point de communication hors de nous-mêmes, je ne vois point que nous puissions avoir de scrupule, tant qu'il nous donnera ces sentiments. Si nous ajoutons à ces considérations celle de l'alliance que la nature a faite entre nous, et à cette dernière celle que la grâce y a faite, je crois que, bien loin d'y trouver une défense, nous y trouverons une obligation ; car je trouve que notre bonheur a été si grand, d'être unis de la dernière sorte, que nous nous devons unir pour le reconnaître et pour nous en réjouir. Car il faut avouer que c'est proprement depuis ce temps (que M. de Saint-Cyran veut qu'on appelle le commencement de la vie) que nous devons nous considérer comme véritablement parents, et qu'il a plu à Dieu de nous joindre aussi bien dans son nouveau monde par l'esprit, comme il avait fait dans le terrestre par la chair.

Nous te prions qu'il n'y ait point de jour où tu ne le repasses en ta mémoire, et de recon-

naître souvent la conduite dont Dieu s'est servi
en cette rencontre, où il ne. nous a pas seulement faits frères les uns des autres, mais encore
enfants d'un même père ; car tu sais que mon
père nous a tous prévenus et comme conçus
dans ce dessein. C'est en quoi nous devons admirer que Dieu nous ait donné et la figure et la
réalité de cette alliance ; car, comme nous avons
souvent dit entre nous, les choses corporelles
ne sont qu'une image des spirituelles, et Dieu
a représenté les choses invisibles dans les visibles. Cette pensée est si générale et si utile,
qu'on ne doit point laisser passer un espace notable de temps sans y songer avec attention.
Nous avons discouru assez particulièrement du
rapport - de ces deux sortes de choses ; c'est
pourquoi nous n'en parlerons pas ici : car cela
est trop long pour l'écrire et trop beau pour ne
t'être pas resté dans la mémoire, et, qui plus
est, nécessaire absolument, suivant mon avis.
Car, comme nos péchés nous retiennent enve-
loppés parmi les choses corporelles et terrestres,
et qu'elles ne sont pas seulement la peine de nos
péchés, mais encore l'occasion d'en faire de nouveaux et la cause des premiers, il faut que nous
nous servions du lieu même où nous sommes-

tombés pour nous relever de notre chute. C'est pourquoi nous devons bien ménager l'avantage que la bonté de Dieu nous donne de nous laisser toujours devant les yeux une image des biens que nous avons perdus, et de nous environner, dans la captivité même où sa justice nous a réduits, de tant d'objets qui nous servent d'une leçon continuellement présente.

De sorte que nous devons nous considérer comme des criminels dans une prison toute remplie des images de leur libérateur et des instructions nécessaires pour sortir de la servitude ; mais il faut avouer qu'on ne peut apercevoir ces saints caractères sans une lumière surnaturelle ; car comme toutes choses parlent de Dieu à ceux qui le connaissent, et qu'elles le découvrent à tous ceux qui l'aiment, ces mêmes choses le cachent à tous ceux qui ne le connaissent pas. Aussi l'on voit que dans les ténèbres du monde on les suit par un aveuglement brutal, que l'on s'y attache et qu'on en fait la dernière fin de ses désirs, ce qu'on ne peut faire sans sacrilège, car il n'y a que Dieu qui doive être la dernière fin comme lui seul est le vrai principe. Car, quelque ressemblance que la nature créée ait avec son libérateur, et encore que

les moindres choses et les plus petites et les plus
viles parties du monde représentent au moins
par leur unité la parfaite unité qui ne se trouve
qu'en Dieu, on ne peut pas légitimement leur
porter le souverain respect, parce qu'il n'y a rien
de si abominable aux yeux de Dieu et des
hommes que l'idolâtrie, à cause qu'on y rend à
la créature l'honneur qui n'est dû qu'au Créateur. L'Ecriture est pleine des vengeances que
Dieu a exercées sur ceux qui en ont été cou-
pables, et le premier commandement du Déca-
logue, qui enferme tous les autres, défend sur
toutes choses d'adorer ses images. Mais comme
il est beaucoup plus jaloux de nos affections
que de nos respects, il est visible qu'il n'y a
point de crime qui lui soit plus injurieux ni plus
détestable que d'aimer souverainement les créatures, quoiqu'elles le représentent.

C'est pourquoi ceux à qui Dieu fait connaître
ces grandes vérités doivent user de ces images
pour jouir de Celui qu'elles représentent, et ne
demeurer pas éternellement dans cet aveuglement charnel et judaïque qui fait prendre la
figure pour la réalité. Et ceux que Dieu, par la
régénération, a retirés gratuitement du péché (qui
est le véritable néant, parce qu'il est contraire à

Dieu, qui est le véritable être) pour leur donner une place dans son Eglise qui est son véritable temple, après les avoir retirés gratuitement du néant au point de leur création, pour leur donner une place dans l'univers, ont une double obligation de le servir et de l'honorer, puisque en tant que créatures ils doivent se tenir dans l'ordre des créatures et ne pas profaner le lieu qu'ils remplissent, et qu'en tant que chrétiens ils doivent sans cesse aspirer à se rendre dignes de faire partie du corps de Jésus-Christ. Mais qu'au lieu que les créatures qui composent le monde s'acquittent de leur obligation en se tenant dans une perfection bornée, parce que la perfection du monde est aussi bornée, les enfants de Dieu ne doivent point mettre de limites à leur pureté et à leur perfection, parce qu'ils font partie d'un Corps tout divin et infiniment parfait ; comme on voit que Jésus-Christ ne limite point le commandement de la perfection, et qu'il nous en propose un modèle où elle se trouve infinie, quand il dit : « Soyez donc parfaits comme votre Père céleste est parfait. » Aussi c'est une erreur bien préjudiciable et bien ordinaire parmi les chrétiens et parmi ceux-là mêmes qui font profession de piété, de se per-

suader qu'il y ait un certain degré de perfection dans lequel on soit en assurance et qu'il ne
soit pas nécessaire de passer, puisqu'il n'y en a
point qui ne soit mauvais si on s'y arrête, et
dont on puisse éviter de tomber qu'en montant
plus haut... [1]

1. La fin manque.

IX

DE BLAISE ET JACQUELINE PASCAL
A MADAME PERIER [1]

A Paris, ce 5 Novembre, après-midi, 1648.

Ma chère sœur,

Ta lettre nous a fait ressouvenir d'une brouillerie dont on avait perdu la mémoire, tant elle est absolument passée. Les éclaircissements un peu trop grands que nous avons procurés ont fait paraître le sujet général et ancien de nos plaintes, et les satisfactions que nous en avons faites ont adouci l'aigreur que mon père en avait conçue. Nous avons dit ce que tu avais déjà dit, sans savoir que tu l'eusses dit, et ensuite nous avons excusé de bouche ce que tu avais depuis excusé par écrit, sans savoir que tu l'eusses excusé ; et nous n'avons su ce que tu as fait qu'après ce que nous l'avons eu fait nous-mêmes ; car comme nous n'avions rien caché

1. Publiée par Faugère, t. I, p. 11.

à mon père, il nous a aussi tout découvert et guéri ensuite tous nos soupçons. Tu sais combien ces embarras troublent la paix de la maison extérieure et intérieure, et combien dans ces rencontres on a besoin des avertissements que tu nous as donnés trop tard.

Nous avons à t'en donner nous-mêmes sur le sujet des tiens. Le premier est sur ce que tu mandes que nous t'avons appris ce que tu nous écris. Premièrement, je ne me souviens point de t'en avoir parlé, et si peu que cela m'a été très nouveau. Et de plus, quand cela serait vrai, je craindrais que tu ne l'eusses retenu humainement, si tu n'avais oublié la personne dont tu l'avais appris pour ne te ressouvenir que de Dieu qui peut seul te l'avoir véritablement enseigné. Si tu t'en souviens comme d'une bonne chose, tu ne saurais penser le tenir d'aucun autre, puisque ni toi ni les autres ne le peuvent apprendre que de Dieu seul. Car, encore que dans cette sorte de reconnaissance on ne s'arrête pas aux hommes à qui on s'adresse comme s'ils étaient auteurs du bien qu'on a reçu par leur entremise, néanmoins cela ne laisse point de former une petite opposition à la vue de Dieu, et principalement dans les personnes qui ne sont pas entièrement épurées des impressions charnelles qui font considérer comme source de bien les objets qui le communiquent.

Ce n'est pas que nous ne devions reconnaître et nous ressouvenir des personnes dont nous tenons quelques instructions, quand ces personnes ont droit de les faire, comme les pères, les évêques et les directeurs, parce qu'ils sont les maîtres dont les autres sont les disciples. Mais quant à nous, il n'en est pas de même ; car, comme l'ange refusa les adorations d'un saint serviteur comme lui, nous te dirons, en te priant de n'user plus de ces termes d'une reconnaissance humaine, que tu te gardes de nous faire de pareils compliments, parce que nous sommes disciples comme toi.

Le second est sur ce que tu dis qu'il n'est pas nécessaire de nous répéter ces choses, puisque nous les savons déjà bien ; ce qui nous fait craindre que tu ne mettes pas ici assez de différence entre les choses dont tu parles et celles dont le siècle parle, puisqu'il est sans doute qu'il suffit d'avoir appris une fois celles-ci et de les avoir bien retenues, pour n'avoir plus besoin d'en être instruit, au lieu qu'il ne suffit pas d'avoir une fois compris celles de l'autre sorte, et de les avoir connues de la bonne manière, c'est-à-dire par le mouvement intérieur de Dieu, pour en conserver la connaissance de la même sorte, quoique l'on en conserve bien le souvenir. Ce n'est pas qu'on ne s'en puisse souvenir, et qu'on ne retienne aussi facilement une épître de saint Paul qu'un livre de Virgile ; mais les connaissances que nous acquérons de cette façon aussi bien que leur continuation, ne sont qu'un effet de mémoire, au lieu que pour y entendre ce langage secret et étranger à ceux qui le sont du ciel, il faut que la même grâce, qui peut seule en donner la première intelligence, la continue et la rende toujours présente en la retraçant sans cesse dans le cœur des fidèles pour la faire toujours vivre, comme dans les bienheureux Dieu renouvelle continuellement leur béatitude, qui est un effet et une suite de la grâce, comme aussi l'Eglise tient que le Père produit continuellement le Fils et maintient l'éternité de son essence par une effusion de sa substance qui est sans interruption aussi bien que sans fin.

Ainsi la continuation de la justice des fidèles n'est autre chose que la continuation de l'infusion de la grâce, et non pas une seule grâce qui subsiste toujours ; et c'est ce qui nous apprend parfaitement la dépendance perpétuelle où nous sommes de la miséricorde de Dieu, puisque, s'il en interrompt tant soit peu le cours, la sécheresse survient nécessairement. Dans cette nécessité, il est aisé de voir qu'il faut continuellement faire de nouveaux efforts pour acquérir cette nouveauté continuelle d'esprit, puisqu'on ne peut conserver la grâce ancienne que par l'acquisition d'une nouvelle grâce, et qu'autrement on perdra celle qu'on pensera retenir, comme ceux qui, voulant renfermer la lumière, n'enferment que des ténèbres. Ainsi, nous devons veiller à purifier sans cesse l'intérieur, qui se salit toujours de nouvelles taches en retenant aussi les anciennes, puisque sans le renouvellement assidu on n'est pas capable de recevoir ce vin nouveau qui ne sera point mis en vieux vaisseaux.

C'est pourquoi tu ne dois pas craindre de nous remettre devant les yeux les choses que nous avons dans la mémoire et qu'il faut faire rentrer dans le cœur, puisqu'il est sans doute que ton discours en peut mieux servir d'instrument à la grâce que non pas l'idée qui nous en reste en la mémoire, puisque la grâce est particulière-

ment accordée à la prière, et que cette charité
que tu as eue pour nous est une prière du
nombre de celles qu'on ne doit jamais interrompre. C'est ainsi qu'on ne doit jamais refuser
de lire ni d'ouïr les choses saintes, si communes
et si connues qu'elles soient ; car notre mémoire,
aussi bien que les instructions qu'elle retient,
n'est qu'un corps inanimé et judaïque sans l'esprit qui les doit vivifier. Et il arrive très souvent que Dieu se sert de ces moyens extérieurs
plutôt que des intérieurs pour les faire comprendre et pour laisser d'autant moins de matière à la vanité des hommes lorsqu'ils reçoi-
vent ainsi la grâce en eux-mêmes. C'est ainsi
qu'un livre et qu'un sermon, si communs qu'ils
soient, apportent bien plus de fruit à celui qui
s'y applique avec plus de disposition, que non
pas l'excellence des discours plus relevés qui apportent d'ordinaire plus de plaisir que d'instruction ; et l'on voit quelquefois que ceux qui les
écoutent comme il faut, quoique ignorants et
presque stupides, sont touchés au seul nom de
Dieu et par les seules paroles qui les menacent
de l'enfer, quoique ce soit tout ce qu'ils y com-
prennent et qu'ils le sussent aussi bien auparavant.

Le troisième est sur ce que tu dis que tu n'écris ces choses que pour nous faire entendre que tu es dans ce sentiment. Nous avons à te louer et à te remercier également sur ce sujet ; nous te louons de ta persévérance, et te remercions du témoignage que tu nous en donnes. Nous avions déjà tiré cet aveu de M. Perier, et les choses que nous lui en avions fait dire nous en avaient assurés ; nous ne pouvons te dire combien elles nous ont satisfaits, qu'en te représentant la joie que tu recevrais si tu entendais dire de nous la même chose.

Nous n'avons rien de particulier à te dire, sinon touchant le dessein de votre maison. Nous savons que M. Perier prend trop à cœur ce qu'il entreprend pour songer pleinement à deux choses à la fois et que ce dessein entier est si long, que, pour l'achever, il faudrait qu'il fût longtemps sans penser à autre chose. Nous savons aussi bien que son projet n'est que pour une partie du bâtiment ; mais, outre qu'elle n'est que trop longue elle seule, elle engage à l'achèvement du reste aussitôt qu'il n'y aura plus d'obstacle, de quelque résolution qu'on se fortifie pour s'en empêcher, principalement s'il emploie à bâtir le temps qu'il faudrait pour se détromper des charmes secrets qui s'y trouvent. Ainsi nous l'avons conseillé de bâtir bien moins qu'il ne prétendait et rien que le simple nécessaire, quoique sur le même dessein, afin qu'il n'ait pas de quoi s'y engager, et qu'il ne s'ôte pas aussi le moyen de le faire. Nous te prions d'y penser sérieusement, de t'en résoudre et de l'en conseiller, de peur qu'il arrive qu'il ait bien plus de prudence et qu'il donne bien plus de soin et de peine au bâtiment d'une maison qu'il n'est pas obligé de faire, qu'à celui de cette tour mystique, dont tu sais que saint Augustin parle dans une de ses lettres, qu'il s'est engagé d'achever dans ses entretiens. Adieu. B. P. — J. P.

Post-scriptum de Jacqueline : J'espère que je t'écrirai en mon nom particulier de mon affaire, dont je te manderai le détail ; cependant prie Dieu pour son issue.

Si tu sais quelque bonne âme, fais-la prier Dieu pour moi aussi.

X

Première lettre de Blaise Pascal

a Monsieur de Ribeyre [1]

A Monsieur,

Monsieur Ribeyre, seigneur de Travers et de S. Sandoux, conseiller du Roi en ses Conseils, premier président en la Cour des Aides de Clermont-Ferrand.

De Paris, ce 12 Juillet 1651.

Je prends la liberté de vous écrire sur le sujet des Thèses qui furent dernièrement proposées dans le Collège de Montferrand, et qui vous ont été dédiées, où il se fit un certain prologue, dont le principal dessein était d'imposer à toute l'assistance que je m'étais voulu dire l'auteur

1. Publiée par Pascal lui-même en 1651 sous le titre : *Lettre de M. Pascal, le fils, addressante à M. le premier président de la Cour des Aides de Clermont-Ferrand, sur le sujet de ce qui s'est passé en sa présence dans le Collège des Jésuites de Montferrand, aux Thèses de Philosophie qui lui ont été dédiées et qui ont été soutenues le 25 juin 1651.*

d'une expérience très fameuse qui n'est pas de mon invention. Voici les termes de ce prologue, qui furent recueillis à l'heure même, et qui m'ont été envoyés en substance :

Il y a de certaines personnes aimant la nouveauté, qui se veulent dire les inventeurs d'une certaine expérience dont Torricelli est l'auteur, qui a été faite en Pologne ; et nonobstant cela, ces personnes se la voulant attribuer, après l'avoir faite en Normandie, sont venues la publier en Auvergne.

Vous voyez, Monsieur, que c'est moi dont on a parlé, et qu'on m'a particulièrement désigné, en spécifiant les provinces de Normandie et d'Auvergne.

Je ne vous cèle point, Monsieur, que je fus merveilleusement surpris d'apprendre que ce Père, que je n'ai point l'honneur de connaître, dont j'ignore le nom, que je n'ai aucune mémoire d'avoir jamais vu seulement, avec qui je n'ai rien du tout de commun, ni directement, ni indirectement, neuf ou dix mois après que j'ai quitté la Province, quand j'en suis éloigné de cent lieues, et lorsque je ne pense à rien moins, m'ait choisi pour le sujet de son entretien.

Je sais bien que ces sortes de contentions sont si peu importantes, qu'elles ne méritent pas une sérieuse réflexion. Et néanmoins, Monsieur, si vous prenez la peine de considérer toutes les circonstances de ce procédé, dont je n'exprime pas le détail, vous jugerez sans doute qu'il est capable d'exciter quelque ressentiment. Car je présume qu'il est difficile que ceux qui ont été présents à cet Acte aient refusé de croire une chose de fait, prononcée publiquement, composée par un Père Jésuite qu'on ne peut soupçonner d'aucune animosité contre moi. Toutes ces particularités rendent cette supposition très croyable. Mais comme j'aurais un grand déplaisir que vous, Monsieur, que j'honore particulièrement, eussiez de moi cette pensée, je m'adresse à vous plutôt qu'à tout autre pour vous éclaircir de la vérité, pour deux raisons : l'une pour le même respect que je vous porte ; l'autre, pour que vous avez été protecteur de cet Acte en tant qu'il vous a été dédié, et que partant c'est à vous, Monsieur, à réprimer le dessein de ceux qui ont entrepris d'y blesser la vérité.

Ainsi, Monsieur, comme vous avez donné une après-dînée entière à l'entretien que ce Père vous a fourni, je vous conjure de vouloir donner au mien l'espace d'un quart d'heure seulement, et que vous ayez agréable que cette lettre que je vous écris soit rendue aussi publique que les Thèses que vous avez reçues.

Pour vous éclaircir pleinement de tout ce dessein, vous remarquerez, s'il vous plaît, Monsieur, que ce bon Père vous a fait entendre deux choses : l'une, que je m'étais dit l'auteur de l'expérience de Torricelli ; l'autre, que je ne l'avais faite en Normandie qu'après qu'elle avait été faite en Pologne.

Si ce bon père avait dessein de m'imposer quelque chose, il pouvait avoir fait un choix plus heureux. Car il y a de certaines calomnies dont il est difficile de prouver la fausseté, au lieu qu'il se rencontre ici, malheureusement pour lui, que j'ai en main de quoi ruiner si certainement tout ce qu'il a avancé, que vous ne pourrez, sans un extrême étonnement, considérer d'une même vue la hardiesse avec laquelle il a débité ses suppositions, et la certitude que je vous donnerai du contraire.

C'est ce que vous verrez sur l'un et sur l'autre de ces deux points, s'il vous plaît d'en prendre la patience.

Le premier point donc est qu'il m'accuse de

m'être fait auteur de l'expérience de Torricelli. Pour vous satisfaire sur ce point, il suffirait, Monsieur, de vous dire en un mot, que toutes les fois que l'occasion s'en est présentée, je n'ai jamais manqué de dire que cette expérience est venue d'Italie, et qu'elle est de l'invention de Torricelli. C'est ainsi que j'en ai usé à Paris et en tous les lieux où je me suis trouvé, et particulièrement en Auvergne, où je l'ai publiée, soit dans les discours particuliers, soit dans nos conférences publiques, comme tous ces Messieurs, avec qui j'avais l'honneur de converser plus familièrement, le peuvent témoigner.

Mais pour vous en éclaircir plus à fond, permettez-moi, s'il vous plaît, Monsieur, de vous dire comment la chose s'est passée dès son commencement. C'est une histoire que plusieurs seront peut-être bien aises de savoir.

En l'année 1644, on écrivit d'Italie au R. P. Mersenne, Minime à Paris, que cette expérience dont il s'agit y avait été faite, sans spécifier en aucune sorte qui en était l'auteur, si bien que cela demeura inconnu entre nous. Le Père Mersenne essaya de la répéter à Paris, et n'y ayant pas entièrement réussi, il la quitta et n'y pensa plus. Depuis, ayant été à Rome pour d'autres

affaires, et s'étant exactement informé du moyen
de l'exécuter, il en revint pleinement instruit.

Ces nouvelles nous ayant été, en l'année 1646,
portées à Rouen, où j'étais alors, nous y fîmes
cette expérience d'Italie sur les Mémoires du
Père Mersenne, laquelle ayant très bien réussi,
je la répétai plusieurs fois ; et par cette fré-
quente répétition, m'étant assuré de sa vérité,
j'en tirai des conséquences pour la preuve desquelles je fis de nouvelles expériences très différentes de celle-là, en présence de plus de cinq
cents personnes de toutes sortes de conditions,
et entre autres de cinq ou six Pères Jésuites du
Collège de Rouen.

Le bruit de mes expériences étant répandu
dans Paris, on les confondit avec celle d'Italie ;
et dans ce mélange les uns, me faisant un honneur qui ne m'était pas dû, m'attribuaient cette
expérience d'Italie ; et les autres, par une injus-
tice contraire, m'ôtaient celles que j'avais faites.

Pour rendre aux autres et à moi-même la justice qui nous était due, je fis imprimer, en l'année 1647, les expériences qu'un an auparavant
j'avais faites en Normandie : et afin qu'on ne
les confondît plus avec celle d'Italie, j'énonçai
celle d'Italie, non pas dans le corps du discours

qui contient les miennes, mais à part dans l'avis
que j'adresse au lecteur, et de plus en caractères italiques, au lieu que les miennes sont en
romain ; et ne m'étant pas contenté de les distinguer par toutes ces marques, j'ai déclaré en
termes exprès, dans cet avis au lecteur, *que je
ne suis pas l'inventeur de celle-là ; qu'elle a
été faite en Italie quatre ans avant les miennes ;
que même elle a été l'occasion qui me les a fait
entreprendre.* Voici mes propres termes :

« *Mon cher lecteur, quelques considérations
m'empêchant de donner à présent un Traité
entier où j'ai rapporté quantité d'expériences
nouvelles que j'ai faites touchant le vide, et les
conséquences que j'en ai tirées, j'ai voulu faire
un récit des principales dans cet abrégé, où vous
verrez par avance le dessein de tout l'ouvrage.
L'occasion de ces expériences est telle : Il y a
environ quatre ans qu'en Italie on éprouva
qu'un tuyau de verre de quatre pieds, dont un
bout est ouvert, et l'autre scellé hermétiquement, étant rempli de vif-argent, puis l'ouverture bouchée avec le doigt ou autrement, et le
tuyau disposé perpendiculairement à l'horizon,
l'ouverture bouchée étant vers le bas, et plongée
deux ou trois doigts dans l'autre vif-argent, con-*

*tenu en un vaisseau moitié plein de vif-argent,
et l'autre moitié d'eau ; si on le débouche (l'ouverture demeurant enfoncée dans le vif-argent
du vaisseau), le vif-argent du tuyau descend en
partie, laissant au haut du tuyau un espace vide
en apparence, le bas du même tuyau demeurant
plein du même vif-argent jusqu'à une certaine
hauteur. Et si on hausse un peu le tuyau jusqu'à ce que son ouverture, qui trempait auparavant dans le vif-argent du vaisseau, sortant de
ce vif-argent, arrive à la région de l'eau, le vif-argent du tuyau monte jusqu'en haut avec l'eau,
et ces deux liqueurs se brouillent dans le tuyau ;
mais enfin tout le vif-argent tombe, et le tuyau
se trouve tout plein d'eau. »*

Voilà, Monsieur, la même expérience que ce
bon Père prétend que je me suis attribuée, et
laquelle, au contraire, je déclare avoir été faite
en Italie quatre ans avant les miennes.

Mais les paroles par lesquelles je conclus cet
avis au lecteur sont encore plus expresses ; les
voici :

*« Et comme les honnêtes gens joignent à l'inclination générale qu'ont tous les hommes de se
maintenir dans leurs justes possessions, celle
de refuser l'honneur qui ne leur est pas dû, vous*

approuverez sans doute que je me défende également, et de ceux qui voudraient m'ôter quelques-unes des expériences que je vous donne ici, et que je vous promets dans le traité entier, puisqu'elles sont de mon invention, et de ceux qui voudraient m'attribuer celle l'Italie, dont je vous ai parlé, puisqu'elle n'en est pas. *Car encore que je l'aie faite en plus de façons qu'aucun autre, et avec des tuyaux de douze et même de quinze pieds de long, néanmoins* je n'en parlerai pas seulement *dans cet écrit,* parce que je n'en suis pas l'inventeur, *n'ayant dessein de donner que celles qui me sont particulières et de mon propre génie.* »

Voyez, Monsieur, s'il est possible d'expliquer plus clairement et plus nettement que je ne suis pas l'auteur de cette expérience d'Italie.

Mais afin que vous ne croyiez pas que cette vérité ait été tenue secrète, je ne dois pas vous taire que j'envoyai des exemplaires de ce petit livret à tous nos amis de Paris, et entre autres aux Révérends Pères Jésuites (qui certainement me font l'honneur de me traiter d'une manière tout autre que celui de Montferrand). Quelques-uns même d'entre eux prirent sujet d'en écrire ; et le R. P. Noël, lors recteur du Collège de Clermont, en fit un livret qu'il intitula : *Le plein du vide*, où il rapporte mot à mot la plupart de mes expériences.

Je ne me contentai pas d'en envoyer à nos amis de Paris ; j'en fis tenir en toutes les villes de France où j'avais l'honneur de connaître des personnes curieuses de ces matières.

Et j'en envoyai même quinze ou trente en la seule ville de Clermont, où je ne doute pas qu'il ne s'en trouve encore ; et c'est ce qui me donne lieu de prier Monsieur le Conseiller Perier, mon beau-frère, par une lettre que je lui écris, de prendre la peine d'en chercher un pour vous le donner avec la présente ; et s'il n'en trouve point, je lui en enverrai un d'ici pour vous le présenter.

Et enfin le P. Mersenne, ne se contentant pas d'en voir par toute la France, m'en demanda plusieurs pour les envoyer, comme il fit, en Suède, en Hollande, en Pologne, en Allemagne, en Italie, et de tous les côtés.

De sorte que je crois que ce bon Père de Montferrand est le seul entre les curieux de toute l'Europe qui n'en a point eu de connaissance. Je ne sais par quel malheur, si ce n'est qu'il fuit

le commerce et la communication des savants,
pour des raisons que je ne pénètre pas.

Vous voyez, Monsieur, que, bien loin de m'attribuer une gloire qui ne m'est pas due, j'ai fait tous mes efforts pour la refuser, lorsqu'on me l'a voulu donner.

Et je crois même que sans cet aveu public que j'en ai fait, elle aurait passé pour être de mon invention, car les avis qu'on en avait reçus d'Italie avaient beaucoup moins éclaté que mes expériences faites à Rouen en présence de tant de personnes.

Que si vous désirez savoir pourquoi je n'ai pas déclaré dans mon petit livret le nom de l'auteur de cette expérience, je vous dirai, Monsieur, que la raison en est, que nous n'en avions pas alors eu connaissance, comme je l'ai déjà dit : si bien que n'en sachant pas le véritable auteur, et voulant faire savoir cependant à tout le monde que je ne l'étais pas, je fis ce qui était en moi, en déclarant, comme vous avez vu, que *je n'en suis pas l'inventeur, et qu'elle avait été faite en Italie quatre ans avant mon écrit.*

Mais comme nous étions tous dans l'impatience de savoir qui en était l'inventeur, nous en écrivîmes à Rome au cavalier del Posso, lequel nous manda, longtemps après mon imprimé, qu'elle est véritablement du grand Torricelli, professeur du duc de Florence aux mathématiques. Nous fûmes ravis d'apprendre qu'elle venait d'un génie si illustre, et dont nous avions déjà reçu des productions en géométrie, qui surpassent toutes celles de l'Antiquité. Je ne crains pas d'être désavoué de cet éloge par aucun de ceux qui sont capables d'en juger.

Depuis que nous avons eu cette connaissance, nous avons tous publié, et moi comme les autres, que Torricelli en est l'auteur ; et je suis certain que ce bon Père n'a jamais ouï dire de moi le contraire, et véritablement je ne suis pas assez imprudent pour me l'être attribuée, ayant moi-même envoyé de toutes parts un si grand nombre d'exemplaires de ce livret, où je dis le contraire si ponctuellement.

Aussi, si ce bon Père de Montferrand avait un peu plus de commerce avec Paris, il saurait que c'est une chose qui y est si connue, qu'il serait aussi peu possible de s'attribuer l'expérience de Torricelli, que l'invention des lunettes d'approche ; et qu'il est si peu à craindre que personne prenne cette fantaisie, qu'il est même ridicule d'en soupçonner qui que ce soit.

J'estime, Monsieur, que vous êtes maintenant satisfait sur le premier point, et que vous voyez évidemment que je n'ai eu aucun profit[1] de m'attribuer l'invention de cette expérience. Et quant au second point, je vous y satisferai aussi pleinement.

Ce second point est, que ce bon Père prétend que cette expérience a été faite en Pologne avant que je la fisse en Normandie. C'est ce qu'il a avancé hardiment et sans hésiter ; mais le bonhomme est aussi mal instruit sur ce point que sur le précédent.

Pour vous le témoigner, Monsieur, je mets en fait qu'il ne sait aucune particularité de l'histoire de ces expériences, et que si vous prenez la peine de lui demander seulement le nom de celui qui a fait cette expérience en Pologne, il n'y saurait répondre ; et que, si vous lui demandez encore en quel temps j'ai fait les miennes, et en quel temps ont été faites celles de Pologne, vous verrez un homme très honteux et très embarrassé. Et cependant il s'ingère d'avancer

1. Cette leçon de l'imprimé original est manifestement fautive. Bossut l'a remplacée par *projet*. Sur la foi d'une correction manuscrite relevée par M. Strowski en marge de l'exemplaire de la Bibliothèque municipale de Bordeaux, M. Léon Brunschvicg propose *prurit*.

hardiment que les miennes sont postérieures.

Pour l'en mieux informer, et lui donner moyen de paraître plus intelligent qu'il n'est dans ce qui se passe parmi les personnes de lettres, il saura :

En premier lieu, que celui qui a fait en Pologne les expériences dont il a voulu parler, est un Père Capucin, nommé *Valérien Magni*, et dans ces livres latins faits sur ce sujet, *Valerianus Magnus*.

Il saura, en second lieu, que le Père Valérien n'a fait autre chose que de répéter l'expérience de Torricelli, sans y rien ajouter de nouveau.

Il saura, en troisième lieu, qu'il n'a fait en Pologne cette expérience dont il s'agit que long-temps après moi ; et pour lui dire combien de temps après, il saura que je fis cette expérience en l'année 1646 ; que cette même année j'y en ajoutai beaucoup d'autres ; qu'en 1647, je fis imprimer le récit de toutes ; que mon imprimé fut envoyé en Pologne comme ailleurs en la même année 1647 ; et qu'un an après mon écrit imprimé, le Père Valérien fit en Pologne cette expérience de Torricelli [1]. Si ce bon Père Jé-

1. « La chronologie de Pascal est tout à fait inexacte. L'expérience du P. Magni est de 1647, et de trois mois au moins antérieure à l'imprimé de Pascal. » (Brunschvicg.)

suite a connaissance de mon écrit et de celui du
Père Capucin (ce que je ne crois pas), qu'il
prenne la peine de les confronter, il verra la
vérité de ce que je dis.

Il saura, en quatrième lieu, que ce bon Père
Valérien fit imprimer le récit de cette expérience qu'il avait faite ; que cet imprimé nous
fut envoyé incontinent après sa production ; et
que nous fûmes très surpris d'y voir que ce bon
Père s'attribuait cette même expérience de Torricelli.

Et enfin, pour comble de conviction, ce bon
Père Jésuite saura, en dernier lieu, que la prétention du Père Valérien fut incontinent repous-
sée par chacun de nous, et particulièrement par
Monsieur de Roberval[1], professeur de mathématiques, qui se servit de mon imprimé comme
d'une preuve indubitable pour le convaincre,
comme il fit par une belle lettre latine imprimée
qu'il lui adressa, par laquelle il lui fit passer
cette démangeaison, en lui mandant qu'il ne
réussirait pas dans sa prétention ; que dès l'année
1644, on savait en France que cette expérience
avait été faite en Italie ; qu'en 1646, elle avait

1. Gilles Persone de Roberval (1602-1675), professeur au
Collège de France.

été faite en France par plusieurs personnes et en plusieurs lieux ; qu'en la même année j'y en avais ajouté plusieurs autres ; qu'en 1647 j'en avais fait imprimer le récit, dans lequel j'avais énoncé cette même expérience comme faite en Italie quatre ans auparavant ; que mes imprimés avaient été vus dès la même année 1647 en toute l'Europe, et même en Pologne ; qu'enfin il était indubitable qu'il ne l'avait faite que sur l'énonciation qu'il en avait vue dans mon imprimé envoyé en Pologne ; et qu'ainsi si long-temps après mon écrit, il n'était pas supportable de s'en dire l'auteur [1].

Cette lettre lui ayant été envoyée par l'entremise de Monsieur Desnoyers, secrétaire des commandements de la Reine de Pologne, homme très savant et très digne de la place qu'il tient auprès de cette grande princesse, ce bon Père n'y fit aucune réponse [2] et se désista de cette pré-

1. On trouvera le texte de la lettre de Roberval dans l'édition de Pascal des *Grands Ecrivains de la France* (t. II, p. 21). Il ne justifie aucunement les assertions de Pascal. M. Léon Brunschvicg croit que Pascal, en parlant de Roberval, a eu dans la pensée la publication d'une lettre de Petit à Chanut, qui suivit la publication des *Expériences nouvelles*. Le passage cité par M. Brunschvicg (édit. cit. t. II, p. 491, note 2) établit pleinement cette hypothèse.

2. Le P. Valeriano Magni avait cependant publié sa

tention, de sorte qu'on n'en a plus ouï parler depuis.

Ainsi, Monsieur, vous remarquerez, s'il vous plaît, combien il est peu véritable, ni que j'aie voulu m'approprier l'expérience de Torricelli, ni que je l'aie faite après le Père Valérien (qui sont les deux points que ce Père Jésuite m'impose), puisque c'est de mes expériences et de mon écrit où elles sont énoncées, que Monsieur de Roberval a tiré sa principale conviction contre le Père Valérien, quand il a voulu s'attribuer la gloire de cette invention.

Si ce Père Jésuite de Montferrand connaît Monsieur de Roberval, il n'est pas nécessaire que j'accompagne son nom des éloges qui lui sont dus ; et s'il ne le connaît pas, il se doit abstenir de parler de ces matières ; puisque c'est une preuve indubitable qu'il n'a aucune entrée aux hautes connaissances, ni de la physique, ni de la géométrie.

Après tous ces témoignages, j'espère, Monsieur, que vous agréerez la très humble prière

réponse dans un recueil intitulé : *Admiranda de vacuo et Aristotelis philosophia. Cum licentia superiorum. Varsoviœ in officina Petri Elbert S. R. M. Typographi.* On peut la lire dans l'édition des *Grands Ecrivains* (t. II, p. 5o3).

que je vous fais, que par votre moyen et par l'autorité que ce bon Père Jésuite vous a lui-même donnée sur lui, en ce sujet, quand il vous a dédié ses Thèses, je puisse apprendre d'où lui viennent ces impressions qu'il a prises de moi.

Car il est indubitable, ou que c'est l'effet du rapport de quelques personnes qu'il a crues dignes de foi, ou que c'est l'ouvrage de son propre esprit.

Si c'est le premier, je vous supplierai, Monsieur, d'avoir la bonté pour ce bon Père de lui remontrer l'importance de la légèreté de sa créance.

Et si c'est le second, je prie Dieu dès à présent de lui pardonner cette offense, et je l'en prie d'aussi bon cœur que je la lui pardonne moi-même ; et je supplie tous ceux qui en ont été témoins, et vous-même, Monsieur, de la lui pardonner pareillement.

Maintenant, Monsieur, sans plus parler de tout ce différend, que je veux oublier, je vous achèverai la suite de cette histoire ; et vous dirai que dès l'année 1647 nous fûmes avertis d'une très belle pensée qu'eut Torricelli, touchant la cause de tous les effets qu'on a jusqu'à présent attribués à l'horreur du vide. Mais comme ce n'était qu'une simple conjecture, et dont on n'avait aucune preuve pour en reconnaître ou la vérité, ou la fausseté, je méditai dès lors une expérience que vous savez avoir été faite en 1648 par Monsieur Perier au haut et au bas du Puy-de-Dôme, dont on a aussi envoyé des exemplaires de toutes parts, où elle a été reçue avec joie, comme elle avait été attendue avec impatience.

Il est véritable, Monsieur, et je vous le dis hardiment, que cette expérience est de mon invention ; et partant, je puis dire que la nouvelle connaissance qu'elle nous a découverte est entièrement de moi.

Les conséquences en sont très belles et très utiles. Je ne m'arrêterai pas à les déduire en ce lieu, espérant que vous les verrez bientôt, Dieu aidant, dans un traité que j'achève, et que j'ai déjà communiqué à plusieurs de nos amis, où l'on connaîtra quelle est la véritable cause de tous les effets qu'on a attribués à l'horreur du vide, et où, par occasion, on verra distinctement qui sont les véritables auteurs de toutes les nouvelles vérités qui ont été découvertes en cette matière. Et dans ce détail, on trouvera exactement et séparément ce qui est de l'invention de

Galilée, ce qui est de celle du grand Torricelli, et ce qui est de la mienne. Et enfin il paraîtra par quels degrés on est arrivé aux connaissances que nous avons maintenant sur ce sujet, et que cette dernière expérience du Puy-de-Dôme fait le dernier de ses degrés.

Et comme je suis certain que Galilée et Torricelli eussent été ravis d'apprendre de leur temps qu'on eût passé outre la connaissance qu'ils ont eue, je vous proteste, Monsieur, que je n'aurai jamais plus de joie que de voir que quelqu'un passe outre celle que j'ai donnée.

Aussitôt que ce traité sera en état, je ne manquerai pas de vous en faire offrir, pour reconnaître en quelque sorte l'obligation que je vous ai, d'avoir souffert l'importunité que je vous donne, et pour vous servir de témoignage de l'extrême désir que j'ai d'être, toute ma vie,

 Monsieur,

Votre très humble et très obéissant serviteur,

   PASCAL.

XI

Réponse de Monsieur de Ribevre
à Blaise Pascal [1]

Monsieur,

Je vous avoue que ce ne fut pas sans quelque sorte d'étonnement que j'ouïs le préambule qui fut fait par l'écolier qui m'avait dédié ses Thèses sous la direction d'un Père Jésuite, qui m'était jusqu'alors inconnu, et qu'il ne fut pas malaisé à ceux qui ont l'honneur de vous connaître, de juger par son discours qu'il entendait parler de vous, en désignant une personne qui, après avoir fait des expériences touchant le vide en Normandie, les avait encore faites en Auvergne. Mais expliquant bénignement ce discours, auquel d'ailleurs je ne remarquai rien d'offensant, je le voulus attribuer à une émulation pardonnable entre les savants, plutôt qu'à aucun dessein qu'il eût d'invectiver contre vous. Il est vrai, Monsieur, que j'avais intérêt d'excuser cette faute, soit par l'honneur qui m'était fait par la

1. Les lettres XI et XII ont été publiées par Bossut.

dédicace de ces **Thèses**, soit par celle que j'aurais commise en votre endroit, si j'avais souffert qu'en ma présence on donnât quelque atteinte à la réputation d'une personne que j'ai sujet d'honorer par ses propres mérites, et par l'attachement d'une amitié que j'ai contractée avec le père et le fils depuis plusieurs années. Donc, pour éloigner de moi ce reproche, que vous auriez droit de me faire, si j'avais souffert qu'en cette occasion, où j'avais la plus grande part, puisqu'elle m'était dédiée, on vous eût fait la moindre injure, je vous puis assurer, Monsieur, que, s'il y a eu quelque témérité à vous marquer[1] dans ce discours, au moins ne passat-elle pas fort avant, et que ni le maître ni l'écolier n'apportèrent aucune aigreur dans la suite. Et je pense, pour vous dire le vrai, que ce bon Père ne fut porté à étaler cette proposition que par une démangeaison qu'il avait de produire quelques expériences qu'il nous dit, après que l'assemblée fut levée, avoir imaginées, par lesquelles il prétendait détruire les vôtres. Mais il fut bien trompé ; car, ayant exposé à la vue des assistants un tableau qui contenait quelques

---

1. Bossut avait lu *manquer*. La correction est due à M. Léon Brunschvicg.

figures de ses expériences, et ayant, tant par le tableau que par l'argument de cette action, fait une espèce de défi sur cette matière, il arriva que personne ne l'attaqua sur ce sujet, et qu'il lui fallut garder ce coup de pistolet qu'il avait préparé, pour en faire la décharge en quelque autre rencontre. Néanmoins, Monsieur, j'assurerais qu'il n'a eu aucun dessein malicieux, et cela m'a paru par son ingénuité, lorsque je le suis allé voir après la réception de la vôtre, où il m'a assuré qu'il n'avait rien fait dans cette action par un dessein prémédité de vous attaquer ; qu'il ne vous avait point accusé d'aucune affectation que vous eussiez eue de vous approprier la gloire d'une invention qui fût d'un autre ; qu'il était prêt d'en faire telle déclaration que vous désireriez, et qu'au contraire, lorsqu'il avait donné des écrits à des écoliers sur cette matière, il avait parlé de vous fort honorablement en ces termes, comme il me fit voir sur-le-champ : *quam rem multum auxit et illustravit cum suis amicis dominus Pascalius Claromontensis, ut patet ex libellis hanc in rem ab eo editis,* etc. Et, pour vous dire le vrai, je ne remarquai pas, dans ce préambule, qu'il vous accusât d'introduire des nouveautés, ni de vouloir vous attribuer la gloire des inventions d'autrui ; et m'en étant voulu mieux assurer par le témoignage de ceux qui y étaient présents, j'ai encore prié les Pères Dorane et Meghemont, de l'Ordre des Jacobins, qui étaient présents à cette dispute, de rappeler leur mémoire là-dessus ; et ils m'ont assuré qu'ils n'avaient nullement remarqué qu'il s'y fût rien dit à votre désavantage, sinon que ce Père se pouvait bien passer de faire aucune mention de vous en cette déclamation, qui n'était pas une chose assez sérieuse pour vous y nommer ou désigner. De quoi je vous peux assurer, Monsieur, c'est que le discours de cet écolier ou l'autorité de ce régent n'étaient point capables de donner aucune impression à ceux qui les écoutaient, qui pût faire aucun préjudice à l'estime que fait de vous toute la compagnie qui était lors présente ; et je crois que les paroles qui y furent dites sont plus dignes de mépris, que d'être relevées avec le soin qu'il vous plaît d'y apporter. C'est pour cela que j'ai fait mes efforts auprès de Monsieur le Conseiller Perier pour l'empêcher de mettre sous la presse la lettre que vous m'avez fait l'honneur de m'écrire, afin de ne point donner ouverture à une contestation, où ce bon Père

pourrait toujours tirer cet avantage de votre victoire, *quod cum victus erit, tecum certasse
feretur*. Néanmoins j'ai trouvé Monsieur Perier
si exact et si ponctuel à suivre les ordres que
Monsieur votre père et vous lui donnez, que je
n'ai pu obtenir cette grâce de lui, quoique je le
priasse seulement de différer jusqu'à votre
réponse, après laquelle il eût été en liberté de
faire ce qui lui eût plu, en cas que vous persé-
vérassiez dans la même volonté ; et s'il n'était
question que de rendre votre justification aussi
publique (ainsi que vous témoignez le souhaiter)
que cette déclamation, je vous puis assurer,
Monsieur, que vous avez obtenu en ce point ce
que vous désirez, et que votre lettre est venue
à la connaissance de plus de personnes que le
Père n'en avait informé par ce discours. Que si
d'un côté je me puis dire malheureux de m'être
trouvé à une action qui vous a pu déplaire, j'en
tire d'ailleurs beaucoup d'avantage par l'honneur de la lettre qu'il vous a plu m'écrire, par la
satisfaction qui me revient de la beauté de son
expression, et de l'espérance que vous me donnez
de me faire part de l'ouvrage que vous méditez
de mettre en lumière. Mais vous m'auriez fait
tort, Monsieur, si vous aviez cru que vous eus-

siez besoin de justification en mon endroit :
votre candeur et votre sincérité me sont trop
connues pour croire que vous puissiez jamais
être convaincu d'avoir fait quelque chose contre
la vertu dont vous faites profession, et qui paraît
dans toutes vos actions et dans vos mœurs. Je
l'honore et la révère en vous plus que votre
science ; et comme en l'une et l'autre vous égalez
les plus fameux du siècle, ne trouvez pas étrange
si, ajoutant à l'estime commune des autres
hommes l'obligation d'une amitié contractée
depuis de longues années avec Monsieur votre
père, je me dis plus que personne, Monsieur,
votre, etc.

DE RIBEYRE.

De Clermont, 26 Juillet 1651.

XII

SECONDE LETTRE DE BLAISE PASCAL
A MONSIEUR DE RIBEYRE

De Paris, ce 8 Août 1651.

Monsieur,

Je me sens tellement honoré de la lettre qu'il vous a plu m'écrire, que, bien loin de conserver quelque reste de déplaisir de l'occasion qui m'a procuré cet honneur, je souhaiterais, au contraire, qu'il s'en offrît souvent de pareilles, pourvu qu'elles fussent suivies d'un succès aussi favorable. Je vous proteste, Monsieur, que le seul regret que j'en ai, après celui de la peine que vous en avez reçue, est de voir que l'affaire devienne plus publique que vous n'auriez désiré, et que Monsieur Perier et moi en soyons cause, sans toutefois que ni l'un ni l'autre ayons eu le moindre dessein de manquer au respect et obéissance que nous vous devons. Aussi, Monsieur, il ne me sera pas difficile d'excuser envers vous l'un et l'autre ; et c'est ce que je vous prie d'agréer que je fasse par cette lettre.

Avant toutes choses, je vous supplie très humblement, Monsieur, de tenir pour constant qu'il n'y a personne au monde qui puisse vous honorer plus parfaitement que nous faisons, et qu'il faudrait que nous eussions perdu tout respect pour Monsieur mon père, contre l'exemple et l'instruction qu'il nous en a toujours donnée, si nous manquions jamais à ce devoir.

Sur ce fondement, je vous conjure, Monsieur, de considérer, pour ce qui me regarde, que parmi toutes les personnes qui font profession de lettres, ce n'est pas un moindre crime de s'attribuer une invention étrangère, qu'en la société civile d'usurper les possessions d'autrui ; et qu'encore que personne ne soit obligé d'être savant non plus que d'être riche, personne n'est dispensé d'être sincère : de sorte que le reproche de l'ignorance, non plus que celui de l'indigence, n'a rien d'injurieux que pour celui qui le profère ; mais celui de larcin est de telle nature, qu'un homme d'honneur ne doit point souffrir de s'en voir accuser, sans s'exposer au péril que son silence tienne lieu de conviction. Ainsi, étant très ponctuellement averti comme j'étais, non seulement des paroles, mais encore des gestes et de toutes les circonstances de cet acte, jugez, Monsieur, si je pouvais m'en taire à mon honneur ; et, puisque cet acte avait été public, si je ne devais pas repousser cette injure de la même manière.

Je vous avoue, Monsieur, que dans le ressentiment où j'étais lors, je n'eus aucune pensée que vous auriez la bonté de désirer que cette affaire fût assoupie : de sorte que, laissant agir mon génie, et considérant d'ailleurs que ma lettre perdrait sa grâce et sa force en différant de la publier, je priai Monsieur Perier, avec grande insistance et grande précision, d'en hâter l'impression ; et je fortifiai même ma prière par celle que je fis à mon père d'y joindre la sienne. Mais je puis vous protester véritablement, Monsieur, que si j'eusse prévu ce que votre lettre m'a appris, j'eusse agi d'une autre sorte, et que j'aurais donné avec joie mon intérêt à votre satisfaction.

Voilà, Monsieur, la vérité naïve pour ce qui me regarde. Et pour ce qui regarde Monsieur Perier, si vous aviez vu la lettre qu'il nous en a écrite, où il témoigne le déplaisir qu'il a eu en cette occasion, je m'assure que vous plaindriez la violence qu'il a soufferte, quand il s'est vu, d'une part, sollicité par la prière d'une personne qu'il honore et qu'il respecte comme vous ; et, de l'autre part, il s'est vu engagé à exécuter les ordres qui lui avaient été donnés par une personne qui lui tient lieu d'un autre père.

Après cela, Monsieur, j'espère que vous n'imputerez qu'à la distance des lieux et à la difficulté de la communication, cette petite conjoncture. Et il ne me reste qu'à vous conjurer de vouloir m'honorer de la continuation des sentiments avantageux que vous témoignez avoir pour moi, et quoique je n'aie rien en moi qui les mérite, j'en espère néanmoins la durée, parce que je m'assure bien plus sur votre bonté, à qui je les dois, qu'à aucune qualité qui soit en moi ; car je suis également éloigné de les pouvoir mériter et de les pouvoir reconnaître. Mais j'espère, Monsieur, que le même esprit qui vous fait voir des vertus dans mes propres défauts, vous fera remarquer l'extrême désir que j'ai de vous honorer toute ma vie dans ce faible témoignage que je vous en donne, en vous assurant que je suis,

Monsieur,

Votre très humble et très obéissant serviteur,

PASCAL.

XIII

DE BLAISE PASCAL A MONSIEUR ET MADAME PERIER [1]

De Paris, ce 8 Août 1651.

Puisque vous êtes maintenant informés l'un et l'autre de notre malheur commun [2], et que la lettre que nous avions commencée vous a donné quelque consolation, par le récit des cir-

---

1. D'importants fragments de cette lettre, fortement retouchés, avaient été insérés dans la première édition des *Pensées*, en 1670. Le texte intégral a été publié par Victor Cousin, d'après les manuscrits f. fr. 12.988 et f. fr. 20.945 de la Bibliothèque nationale, qui donnent l'un et l'autre leur texte comme copié sur l'original. Deux autres textes ont été produits depuis lors : l'un par Faugère en 1844 ; l'autre par M. Gazier, dans son édition des *Pensées* (Paris, Société française d'imprimerie et de librairie, 1907). Une note de ce dernier manuscrit assure également qu'il a été copié sur l'original. Ces divers textes présentent cependant des variantes notables, ainsi que le lecteur pourra le constater. Nous donnons en effet le texte du manuscrit de la Bibliothèque nationale f. fr. 20.945, et faisons figurer dans nos notes les leçons des trois autres textes, en désignant par C le manuscrit f. fr. 12.988 utilisé par Victor Cousin, par F et par G les manuscrits publiés respectivement par Faugère et par M. Gazier.

2. La mort d'Etienne Pascal, survenue le 24 septembre 1651.

constances heureuses qui ont accompagné le sujet de notre affliction, je ne puis vous refuser celles qui me restent dans l'esprit, et que je prie Dieu de me donner, et de me renouveler de plusieurs que nous avons autrefois reçues de sa grâce, et qui nous ont été nouvellement données[1] par nos amis en cette occasion.

Je ne sais plus par où finissait la première lettre. Ma sœur l'a envoyée sans prendre garde qu'elle n'était pas finie. Il me semble seulement qu'elle contenait seulement en substance quelques particularités de la conduite de Dieu sur la vie[2] et la maladie, que je voudrais vous répéter ici, tant je les ai gravées dans le cœur, et tant elles portent de consolations solides, si vous ne les pouviez voir vous-mêmes dans la précédente lettre, et si ma sœur ne devait pas vous en faire un récit plus exact à sa première commodité. Je ne vous parlerai donc ici que de la conséquence que j'en tire[3], qui est que sa fin est si chrétienne, si heureuse, si sainte et si souhaitable qu'ôtées les personnes intéressées par les sentiments de la nature, il n'y a point de chrétien qui ne s'en doive réjouir.

1. F *de.*
2. C, F et G *et sur.*
3. C et F *qui est qu'ôtés ceux qui sont intéressés.*

Sur ce grand fondement, je vous commencerai ce que j'ai à dire par un discours[1] bien consolant à ceux qui ont assez de liberté d'esprit pour le concevoir au fort de la douleur. C'est que nous devons chercher la consolation à nos maux, non pas dans nous-mêmes, non pas dans les hommes, non pas dans tout ce qui est créé ; mais dans Dieu. Et la raison en est que toutes les créatures ne sont pas la première cause des accidents que nous appelons maux ; mais que la Providence de Dieu en[2] étant l'unique et véritable cause, l'arbitre et[3] la souveraine, il est indubitable qu'il faut recourir directement à la source et remonter jusqu'à l'origine, pour trouver un solide allègement. Que si nous suivons ce précepte, et que nous envisagions cet événement, non pas comme un effet du hasard, non pas comme une nécessité fatale de la nature, non pas comme le jouet des éléments et des parties qui composent l'homme (car Dieu n'a pas abandonné ses élus au caprice et au hasard), mais comme une suite[4] indispensable, inévitable, juste, sainte, utile au bien de

1. C et F *bien consolatif.*
2. G *est.*
3. G *le souverain.*
4. G *inévitable, indispensable.*

l'Eglise et à l'exaltation du nom et de la grandeur de Dieu, d'un arrêt de sa Providence [1] .
conçu de toute éternité pour être exécuté dans
la plénitude de son temps, en telle année, en
tel jour, en telle heure, en tel lieu, en telle manière ; et enfin que tout ce qui est arrivé a été
de tout temps [2] presçu et préordonné en Dieu ;
si, dis-je, par un transport de [3] grâce, nous considérons cet accident, non pas dans lui-même
et hors de Dieu, mais hors de lui-même et dans [4]
l'intime de la volonté de Dieu, dans la justice
de [5] son arrêt, dans l'ordre de sa Providence,
qui en est la véritable cause, sans qui il ne fût
pas arrivé, par qui seul il est arrivé, et de la
manière dont il est arrivé ; nous adorerons dans
un humble silence la hauteur impénétrable de
ses secrets ; nous [6] révérerons la sainteté de ses
arrêts, nous bénirons la conduite de sa Providence ; et unissant notre volonté à celle de [7] Dieu
même, nous voudrons avec lui, en lui, et pour

1. F *connu.*
2. C *prescrit*; G *prévu.*
3. G *grâces.*
4. G *l'intimité.*
5. G *ses arrêts.*
6. C, F et G, *vénérerons.*
7. *Dieu, nous.*

lui, la chose qu'il a voulue en nous et pour nous de toute éternité.

Considérons-la donc de la sorte, et pratiquons cet enseignement que j'ai appris d'un grand homme dans le temps de notre plus grande affliction, qu'il n'y a de consolation qu'en la vérité[1] seule. Il est sans doute que[2] Sénèque et Socrate n'ont rien de persuasif en cette occasion. Ils ont été sous l'erreur qui a aveuglé tous les hommes dans le premier : ils ont tous pris la mort[3] comme naturelle à l'homme ; et tous les discours qu'ils ont fondés sur ce faux principe sont si futiles, qu'ils ne servent qu'à montrer par leur inutilité combien l'homme en général est faible, puisque les plus hautes productions des plus grands d'entre les hommes sont si basses et si puériles.

Il n'en est pas de même de Jésus-Christ, il n'en est pas ainsi des livres canoniques : la vérité y est découverte, et la consolation y est jointe aussi infailliblement qu'elle est infailliblement séparée de l'erreur. Considérons donc la mort dans la vérité que le Saint-Esprit nous

1. F *seulement.*
2. F *Socrate et Sénèque.*
3. G *pour.*

a apprise. Nous [1] avons cet admirable avantage
de connaître que véritablement et effectivement
la mort est une peine du péché, imposée à
l'homme pour expier son crime, nécessaire à
l'homme pour le purger du péché ; que c'est
la seule qui peut délivrer l'âme de la concupiscence des membres, sans laquelle les saints ne [2]
vivent point en ce monde. Nous savons que la
vie, et la vie des chrétiens, est un sacrifice per-
pétuel qui ne peut être achevé que par la mort ;
nous savons que Jésus-Christ [3], entrant au
monde, s'est considéré et s'est offert à Dieu
comme un holocauste et une véritable victime ;
que sa naissance, sa vie, sa mort, sa résurrection, son ascension [4], et sa présence dans l'Eucharistie, sa séance éternelle à la dextre [5] n'est
qu'un seul et unique sacrifice ; nous savons que
ce qui est arrivé [6] en Jésus-Christ doit arriver
en tous ses membres.

Considérons donc la vie comme un sacrifice ;
et que les accidents de la vie ne fassent d'im-

1. G *aurons.*
2. F *ne viennent point dans.*
3. F *étant.*
4. *Et* manque dans G.
5. F *ne sont.*
6. G *à Jésus-Christ est arrivé en.*

pression dans l'esprit des chrétiens qu'à proportion qu'ils interrompent ou qu'ils accomplissent
ce sacrifice. N'appelons mal que ce qui rend la
victime de [1] Dieu la victime du diable, mais
appelons bien ce qui rend la victime du diable
en Adam victime de Dieu ; et sur cette règle
examinons la nature de la mort.

Pour cette considération, il faut recourir à la
personne de Jésus-Christ ; car tout ce qui est
dans les hommes est abominable, et comme
Dieu ne considère les hommes que par le médiateur Jésus-Christ, les hommes aussi ne [2]
devraient regarder ni les autres ni eux-mêmes
que médiatement par Jésus-Christ. Car si nous
ne passons par [3] ce milieu, nous ne [4] trouvons
en nous que de véritables malheurs, ou des
plaisirs abominables ; mais si nous considérons
toutes choses en Jésus-Christ, nous trouverons
toute consolation, toute satisfaction, toute édification.

Considérons donc la mort en Jésus-Christ, et
non pas sans Jésus-Christ. Sans Jésus-Christ

1. F et G *Dieu victime.*
2. G *doivent.*
3. F *le.*
4. F *trouverons.*

elle est horrible, elle est détestable, et l'horreur de la nature. En Jésus-Christ elle est tout autre : elle est[1] aimable, sainte, et la joie du fidèle. Tout est doux en Jésus-Christ, jusqu'à la mort ; et c'est pourquoi il a souffert et est mort pour sanctifier la mort et les souffrances ; et que, comme Dieu et comme homme, il a[2] été tout ce qu'il y a de grand et tout ce qu'il y a d'abject, afin de sanctifier[3] en soi toutes choses[4], ôté le péché, et pour être[5] le modèle de toutes les conditions.

Pour considérer ce que c'est que la mort[6], et la mort en Jésus-Christ, il faut voir quel rang elle tient dans son sacrifice continuel et sans interruption ; et pour cela remarquer que dans les sacrifices la principale partie est la mort de l'hostie. L'oblation et la sanctification qui précèdent sont des dispositions ; mais l'accomplissement est la mort, dans laquelle, par l'anéantissement de la vie, la créature rend à Dieu tout l'hommage dont elle est capable, en s'anéantis-

1. G *agréable, sainte, la joie du fidèle.*
2. *Été* manque dans G.
3. *En soi* manque dans G.
4. C et F *excepté*; G *hors*.
5. *Le* manque dans F.
6. *Et* manque dans G.

sant devant les yeux de sa majesté, et en adorant [1] sa souveraine existence, qui seule existe [2]
réellement. Il est vrai qu'il y a [3] encore une
autre partie, après la mort de l'hostie, sans laquelle sa mort est inutile : c'est l'acceptation que
Dieu fait du sacrifice. C'est ce qui est dit dans
l'Ecriture [4] : *Et odoratus est Dominus suavitatem :* « Et Dieu a odoré et reçu l'odeur du sacrifice. » C'est véritablement celle-là qui couronne l'oblation ; mais elle est plutôt une action
de Dieu vers la créature, que de la créature vers
Dieu, et n'empêche pas que la dernière action
de la créature ne soit la mort.

Toutes ces choses ont été accomplies en Jésus-
Christ [5]. En entrant au monde, il s'est offert [6] :
*Obtulit semetipsum per Spiritum sanctum.
Ingrediens mundum, dixit : Hostiam noluisti...
Tunc dixi : Ecce venio. In capite, etc.* » Il s'est
offert par le Saint-Esprit. En entrant au
monde [7], il a dit : « Seigneur, les sacrifices ne

1. G *la.*
2. G *véritablement.*
3. *Encore* manque dans G.
4. *Gen.* VIII, 21 : *Odoratusque est Dominus odorem
suavitavis.*
5. *En* manque dans G.
6. *Heb.* IX, 14 et X, 5-7.
7. F *Jésus-Christ.*

te sont point agréables ; mais tu m'as donné un corps. » Lors j'ai dit : « Voici que je viens [1] pour faire, ô Dieu, ta volonté, et ta loi est dans le milieu de mon cœur. » Voilà son oblation. Sa sanctification a été immédiate de son oblation. Ce sacrifice a duré toute sa vie, et a été accompli par sa mort. Il a fallu qu'il ait passé par les souffrances, pour entrer en sa gloire. Et, quoiqu'il fût Fils de Dieu, il a fallu qu'il ait appris l'obéissance. Mais au jour de sa chair, ayant crié avec grands cris à celui qui le pouvait sauver de [2] mort, il a été exaucé [3] pour sa révérence. Et Dieu l'a ressuscité, et envoyé sa gloire, figurée autrefois par le feu du ciel qui tombait sur les victimes, pour brûler et consumer son corps, et le faire vivre spirituel de la vie et de la gloire. C'est ce que Jésus-Christ a obtenu, et qui a été accompli par sa résurrection.

Ainsi ce sacrifice [4] étant parfait par la mort de Jésus-Christ, et consommé même en son corps par sa résurrection, où l'image de la chair du péché a été absorbée par la gloire, Jésus-

1. G *Me voici, je viens.*
2. G *la.*
3. G *par.*
4. G *est.*

Christ avait tout achevé de sa part ; il[1] restait
que le sacrifice fût accepté de Dieu, et que,
comme la fumée s'élevait et portait l'odeur au
trône de Dieu, aussi Jésus-Christ fût, en cet état
d'immolation parfaite, offert, porté et reçu au
trône de Dieu même ; et c'est ce qui a été accompli en l'ascension, en laquelle il est monté,
et par sa propre force, et par la force de[2] son
Saint-Esprit qui l'environnait de toutes parts :
il a été enlevé comme la fumée des victimes,
figures de Jésus-Christ, était portée en haut par
l'air qui la soutenait, figure du Saint-Esprit ;
et les Actes des Apôtres nous marquent expres-
sément[3] qu'il fut reçu au ciel, pour nous assurer que ce saint sacrifice accompli en terre a été
acceptable à Dieu, reçu dans le sein de Dieu,
où il brûle de la gloire dans les siècles des
siècles[4].

Voilà l'état des choses en notre souverain

1. F *ne.*
2. G *son Esprit.*
3. *Actes,* I, 11.
4. M. Margival, dans son édition classique des *Pensées*
(Paris, Poussielgue, 1897, p. 380), fait remarquer que
cette théorie un peu subtile du sacrifice n'a pas retrouvé
place dans les *Pensées.* Rien n'est plus simple que tout ce
qui, dans cet ouvrage définitif, a trait à J.-C. et au mystère de son immolation.

Seigneur. Considérons-les en nous maintenant. Dès le moment que nous entrons dans l'Eglise, qui est le monde des fidèles et particulièrement des élus, où Jésus-Christ entra dès le moment de son incarnation par un privilège [1] particulier au fils unique de Dieu, nous sommes offerts et sanctifiés. Ce sacrifice se continue par la vie, et s'accomplit à la mort, dans laquelle l'âme, quittant véritablement tous les vices et l'amour de la terre, dont la contagion l'infecte toujours durant cette vie, elle achève son immolation et est reçue dans le sein de Dieu.

Ne nous affligeons donc [2] pas comme les païens qui n'ont point d'espérance. Nous n'avons pas perdu mon père au moment de sa mort ; nous [3] l'avons perdu pour ainsi dire dès qu'il entra dans l'Eglise par le baptême. Dès lors il était à Dieu ; sa vie était vouée à Dieu ; ses actions ne regardaient le monde que pour Dieu. Dans sa mort, il s'est [4] entièrement détaché des péchés ; et c'est en ce moment qu'il a été reçu de Dieu, et que son sacrifice a reçu son accomplissement et son couronnement. Il a

1. G *spécial.*
2. G *point.*
3. G *l'avions.*
4. G *totalement.*

donc fait ce qu'il avait voué ; il a achevé
l'œuvre que Dieu lui avait donnée à faire ; il a
accompli la seule chose pour laquelle il était
créé. La volonté de Dieu s'est accomplie en lui,
et sa volonté est absorbée en Dieu. Que notre
volonté ne sépare donc pas ce que Dieu a uni ;
et étouffons ou modérons, par l'intelligence de
la vérité, les sentiments de la nature corrompue et [1] déçue qui n'a que les fausses images, et
qui trouble par ses illusions la sainteté des sentiments que la vérité et l'Evangile nous doit
donner.

Ne considérons donc plus la mort comme des
païens, mais comme [2] des chrétiens, c'est-à-dire
avec l'espérance, comme saint Paul l'ordonne [3],
puisque c'est le privilège spécial des chrétiens.
Ne considérons plus un corps comme une cha-
rogne infecte, car la nature trompeuse se le
figure de la sorte ; mais comme le temple in-
violable et éternel du Saint-Esprit, comme la
foi l'apprend. Car nous savons que les corps [4]
des saints sont habités par le Saint-Esprit jusqu'à la résurrection, qui se fera par la vertu de

1. G *déréglée.*
2. F *les.*
3. *Première ép. aux Thessal.*, IV, 12.
4. F *saints.*

cet Esprit qui réside en eux pour cet effet [1]. C'est
pour cette raison que nous honorons les reliques
des morts, et c'est sur ce vrai principe que l'on
donnait autrefois l'Eucharistie dans la bouche
des morts, parce que, comme on savait qu'ils
étaient le temple du Saint-Esprit, on croyait
qu'ils méritaient d'être aussi unis à ce saint sacrement. Mais l'Eglise a [2] changé cette coutume ;
non pas pour ce que ces corps ne soient pas
saints, mais par cette [3] raison que l'Eucharistie
étant le pain de la vie et des vivants, il ne doit
pas être donné aux morts.

Ne considérons plus un homme comme ayant
cessé de vivre, quoi que la nature suggère ;
mais comme commençant à vivre, comme la
vérité l'assure. Ne considérons plus son âme
comme [4] périe et réduite au néant, mais comme
vivifiée et unie au souverain vivant ; et corri-
geons [5] ainsi, par l'attention de ces vérités, les
sentiments d'erreur qui sont si empreints en
nous-mêmes, et ces mouvements d'horreur qui
sont si naturels à l'homme.

1. Ici C intercale la phrase : *C'est le sentiment des Pères,*
qui devient, dans G : *C'est la foi de l'Eglise.*

2. *G condamné.*

3. *G seule.*

4. *Périe et* manque dans G.

5. *F et G aussi.*

Pour dompter plus fortement cette horreur, il faut en bien comprendre l'origine ; et pour vous le toucher en peu de mots, je suis obligé de vous dire en général quelle est la source de tous les vices et de tous les péchés. C'est ce que j'ai appris de deux très grands et très saints personnages [1]. La vérité [2] qui ouvre ce mystère est que Dieu a créé l'homme avec deux amours, l'un pour Dieu, l'autre pour soi-même ; mais avec cette loi, que l'amour pour Dieu serait infini, c'est-à-dire sans aucune autre fin que Dieu même, et que l'amour [3] pour soi-même serait fini et rapportant à Dieu.

L'homme en cet état non seulement s'aimait sans péché, mais ne pouvait pas ne [4] point s'aimer sans péché.

Depuis, le péché étant arrivé, l'homme a perdu 'e premier de ces amours ; et l'amour pour soi-même étant resté seul dans cette grande âme capable d'un amour infini, cet amour-propre s'est étendu et débordé dans le vide que l'amour

1. Saint Augustin dans la *Cité de Dieu*, et son commentateur Jansénius dans l'Augustinus : *De Statu naturæ lapsæ*, II, 25.
2. F *qui couvre.*
3. G *de.*
4. G *pas.*

de Dieu a quitté ; et ainsi il s'est aimé seul, et toutes choses pour soi, c'est-à-dire infiniment.

Voilà l'origine de l'amour-propre. Il était naturel à Adam, et juste en son innocence ; mais il est devenu [1] et criminel et immodéré, ensuite de son péché.

Voilà la source de cet amour, et la cause de sa défectuosité et de son excès.

Il en est de même du désir de dominer, de la paresse et des autres. L'application en est aisée. Venons à notre seul [2] sujet. L'horreur de la mort était naturelle à Adam innocent, parce que sa vie étant très agréable à Dieu, elle devait être agréable à l'homme ; et la mort était horrible lors qu'elle finissait une vie conforme à la volonté de Dieu. Depuis, l'homme ayant péché, sa vie est devenue corrompue, son corps et son âme ennemis l'un de l'autre, et tous deux de Dieu.

Cet horrible changement ayant [3] infecté une si sainte vie, l'amour de la vie est néanmoins demeuré · et l'horreur de la mort étant restée pareille, ce qui était juste en Adam est injuste et criminel en nous.

1. *Et* manque dans G.
2. C *objet.*
3. G *infesté.*

Voilà l'origine de l'horreur de la mort, et la cause de sa défectuosité.

Eclairons donc l'erreur de la nature par la lumière de la foi.

L'horreur de la mort est naturelle, mais c'est en l'état d'innocence ; la mort[1] à la vérité est horrible, mais c'est quand elle finit une vie toute pure. Il était juste de la haïr, quand elle séparait une âme sainte d'un corps saint ; mais il est juste de l'aimer, quand elle sépare une âme sainte d'un corps impur. Il était juste de la fuir, quand elle rompait la paix entre l'âme et le corps ; mais non pas quand elle en calme la dissension irréconciliable. Enfin quand elle affligeait un corps innocent, quand elle ôtait au corps la liberté d'honorer Dieu, quand elle séparait de l'âme un corps soumis[2] et coopérateur à ses volontés, quand elle finissait tous les biens dont l'homme est capable, il était juste de l'abhorrer ; mais quand elle finit une vie impure, quand elle ôte au corps la liberté de pécher, quand elle délivre l'âme d'un rebelle très puissant et contredisant tous les motifs de son salut, il est très injuste d'en conserver les mêmes sentiments.

1. G *il est vrai.*
2. *Et coopérateur* manque dans G.

Ne quittons donc pas cet amour que la nature nous a donné pour la vie, puisque nous l'avons reçu de Dieu ; mais que ce soit pour la même vie pour laquelle Dieu nous l'a donné, et non pas pour un objet contraire [1].

En consentant à l'amour qu'Adam avait pour sa vie innocente, et que Jésus-Christ même a eu pour la sienne [2], portons-nous à haïr une vie contraire à celle que Jésus-Christ a aimée, et [3] à n'appréhender que la mort que Jésus-Christ a appréhendée, qui arrive à un corps agréable à Dieu ; mais non pas à craindre une mort contraire, qui, punissant un corps coupable et purgeant un corps vicieux, nous doit donner des sentiments tout contraires, si nous avons un peu de foi, d'espérance et de charité.

C'est un [4] grand principe du christianisme, que [5] tout ce qui est arrivé à Jésus-Christ doit se passer [6] dans l'âme et dans le corps de chaque chrétien : que, comme Jésus-Christ a souffert durant sa vie mortelle, est mort à cette vie mor-

1. La phrase suivante commence par *Et*, dans G.
2. G ajoute ici : *et qui a paru dans ses répugnances à souffrir la mort.*
3. G *n'appréhendons.*
4. G *très* ; G et F *des grands principes.*
5. *Tout* manque dans G.
6. G *et.*

telle, est ressuscité d'une nouvelle vie, est monté au ciel, et sied à la dextre du Père ; ainsi le corps et l'âme doivent souffrir, mourir, ressusciter, monter au ciel, et seoir à la dextre.

Toutes ces choses s'accomplissent en l'âme durant cette vie, mais non pas dans le corps. L'âme souffre et meurt au péché dans la pénitence et dans le baptême ; l'âme ressuscite à une nouvelle vie dans le même baptême ; l'âme quitte la terre et monte au ciel à l'heure de la mort, et sied à la dextre au temps où Dieu l'ordonne. Aucune de ces choses n'arrive dans le corps durant cette vie ; mais les mêmes choses s'y passent ensuite. Car, à la mort, le corps meurt à sa vie mortelle ; au jugement[1], il ressuscitera à une nouvelle vie ; après le jugement, il montera au ciel, et seoira à la dextre. Ainsi les mêmes choses arrivent au corps et à l'âme, mais en différents temps ; et les changements du corps n'arrivent que quand ceux de l'âme sont accomplis, c'est-à-dire à l'heure de la mort ; de sorte que la mort est le commencement de la béatitude de l'âme, et le commencement de la béatitude du corps.

Voilà les admirables conduites de la sagesse

1. G *général.*

de Dieu sur le salut des saints ; et saint Augustin nous apprend sur ce sujet [1] que Dieu en a disposé de sorte, de peur que si le corps de l'homme fût mort et ressuscité pour jamais dans le baptême, on ne fût entré dans l'obéissance de l'Evangile que par l'amour de la vie ; au lieu que la grandeur de la foi éclate bien davantage lorsque l'on tend à l'immortalité par les ombres de la mort.

Voilà certainement quelle est notre créance, et la foi que nous professons ; et je crois qu'en voilà plus qu'il n'en faut pour aider [2] une consolation par mes petits efforts. Je n'entreprendrais pas de vous porter ce secours de mon propre, mais comme ce ne sont que des répétitions de ce que j'ai appris, je le fais avec assurance en priant Dieu de [3] bénir ces semences, et de leur donner [4] l'accroissement, car sans lui nous ne pouvons rien faire, et ses plus saintes paroles ne prennent point en nous, comme il l'a dit lui-même [5].

1. *De Civitate Dei*, XIII, 4.
2. G *votre consolation.*
3. G *bien conserver.*
4. C, F et G *de.*
5. Dans la parabole de la semence, où c'est Dieu même qui est le véritable semeur (Margival).

Ce n'est pas que je souhaite que vous soyez sans ressentiment. Le coup est trop sensible ; il serait même insupportable sans un secours surnaturel. Il n'est donc pas juste aussi que nous soyons sans douleur, comme des anges qui n'ont aucun sentiment de la nature ; mais il n'est pas juste aussi que nous soyons sans consolation, comme des païens qui n'ont aucun sentiment de la grâce ; mais il est juste que nous soyons[1] affligés et consolés comme chrétiens, et que la consolation de la grâce l'emporte par-dessus les sentiments de la nature ; que nous disions comme les apôtres : « Nous sommes persécutés et nous bénissons[2] », afin que la grâce soit non seulement en nous, mais victorieuse en nous ; qu'ainsi, en sanctifiant le nom de notre Père, sa volonté soit faite la nôtre ; que sa grâce règne et domine sur la nature ; et que nos afflictions soient comme la matière d'un sacrifice que sa grâce consomme et anéantisse pour la gloire de Dieu ; et que ces sacrifices particuliers honorent et préviennent le sacrifice universel où la nature entière doit être consommée par la puissance de Jésus-Christ.

1. G *consolés et affligés.*
2. I *Cor.*, IV, 12.

Ainsi nous tirerons avantage de nos propres imperfections, puisqu'elles serviront de matière à cet holocauste ; car c'est le but des vrais chrétiens de profiter de leurs propres imperfections, parce que tout coopère en bien pour les élus [1].

Et si nous y prenons garde de près, nous trouverons de grands avantages pour notre édification, en considérant la chose dans la vérité, comme nous avons dit tantôt. Car, puisqu'il est véritable que la mort du corps n'est que l'image de celle de l'âme, et que nous bâtissons sur ce principe, qu'en cette rencontre nous avons tous les sujets possibles de bien espérer de son salut, il est certain que si nous ne pouvons arrêter le cours du déplaisir, nous en devons tirer ce profit que, puisque la mort du corps est si terrible qu'elle nous cause de tels mouvements, celle de l'âme nous en devrait bien causer de plus inconsolables. Dieu nous a envoyé la première ; Dieu a détourné la seconde. Considérons donc la grandeur de nos biens dans la grandeur de nos maux, et que l'excès de notre douleur soit la mesure de [2] celle de notre joie.

1. *Rom.*, VII, 28.
2. F *celui*.

Il n'y a rien qui la puisse modérer, sinon la crainte qu'il ne languisse pour quelque temps dans les peines qui sont destinées à purger le reste des péchés de cette vie ; et c'est pour fléchir la colère de Dieu sur lui que nous devons soigneusement nous employer.

La prière et les sacrifices sont un souverain remède à ses peines. Mais j'ai appris d'un saint homme, dans nos afflictions [1], qu'une des plus solides et plus utiles charités envers les morts est de faire les choses qu'ils nous ordonneraient s'ils étaient encore au monde, et de pratiquer les saints avis qu'ils nous ont donnés, et de nous mettre pour eux en l'état auquel ils nous souhaitent à présent. Par cette pratique, nous les faisons revivre en nous en quelque sorte, puisque ce sont leurs conseils qui sont encore vivants et agissants en nous ; et comme les hérésiarques sont punis en l'autre vie des péchés auxquels ils ont engagé leurs [2] sectateurs, dans lesquels leur venin vit encore, ainsi les morts sont récompensés, outre leur propre mérite, pour ceux auxquels ils ont donné suite par leurs conseils et par [3] leur exemple.

1. G *que la plus solide et la plus utile charité.*
2. G. *sectaires.*
3. G *leurs exemples.*

Faisons-[1] le donc revivre devant Dieu en
nous de tout notre pouvoir ; et consolons-nous
en l'union de nos cœurs, dans laquelle il me
semble qu'il vit encore, et que notre [2] réunion
nous [3] rende en quelque sorte sa présence, comme
Jésus-Christ se rend présent en l'assemblée de
ses fidèles [4].

Je prie Dieu de former et maintenir en nous
ces sentiments, et de continuer ceux qu'il me
semble qu'il [5] me donne, d'avoir pour vous et
pour ma sœur plus de tendresse que jamais ; car
il me semble que l'amour que nous avions pour
mon père ne doit pas être perdu pour nous [6], et
que nous en devons faire une refusion sur nous-
mêmes, et que nous devons principalement hé-
riter de l'affection qu'il nous portait, pour nous
aimer encore plus cordialement s'il est possible.

Je prie Dieu de nous fortifier dans ces réso-
lutions, et sur cette espérance je vous conjure
d'agréer que je vous donne un avis que vous
prendriez bien sans moi ; mais je ne laisserai pas

1. G *les.*
2. G *union.*
3. F *rend.*
4. *Math.* XVIII, 20.
5. G *m'a donné.*
6. *Pour nous,* manque dans G.

de le faire. C'est qu'après avoir trouvé des sujets de consolation pour sa personne, nous n'en venions point à manquer pour la nôtre, par[1] les prévoyances des besoins et des utilités que nous aurions de sa présence.

C'est moi qui suis le plus intéressé. Si je l'eusse perdu il y a six ans[2], je me serais perdu, et quoique je croie en avoir à présent une nécessité moins absolue, je sais qu'il m'aurait été encore nécessaire dix ans, et utile toute ma vie. Mais nous devons espérer que Dieu l'ayant ordonné en tel temps, en tel lieu[3], en telle manière, sans doute c'est le plus expédient pour sa gloire et pour notre salut.

Quelque étrange que cela paraisse, je crois qu'on en doit estimer de la sorte en tous les événements, et que, quelque sinistres qu'ils nous paraissent, nous devons espérer que Dieu en[4] tirera la source de notre joie si nous lui en remettons la conduite.

Nous connaissons des personnes de condition qui ont appréhendé des morts domestiques que

1. G *la prévoyance.*
2. En janvier 1646, Etienne Pascal, s'étant démis la cuisse, avait été soigné par deux dévots gentilshommes qui avaient déterminé Blaise Pascal à se convertir.
3. G *et.*
4. G *retirera.*

Dieu a peut-être détournées à leur prière, qui ont été cause ou occasion de tant de misères, qu'il serait à souhaiter qu'elles n'eussent pas été exaucées.

L'homme est assurément trop infirme pour pouvoir juger sainement de la suite des choses futures. Espérons donc en Dieu, et ne nous fatiguons pas par des prévoyances indiscrètes et téméraires. Remettons-nous à Dieu pour la conduite de nos vies, et que le déplaisir ne soit pas dominant en nous.

Saint Augustin nous apprend [1] qu'il y a dans chaque homme un serpent, une Eve et un Adam. Le serpent sont les sens et notre nature, l'Eve est l'appétit concupiscible, et l'Adam est la raison. La nature nous tente continuellement, l'appétit concupiscible désire souvent ; mais le péché n'est pas achevé, si la raison ne consent. Laissons donc agir ce serpent et cette Eve, si nous ne pouvons l'empêcher ; mais prions Dieu que sa grâce fortifie tellement notre Adam qu'il demeure victorieux ; et que Jésus-Christ en soit vainqueur, et qu'il règne éternellement en nous. Amen.

1. Dans son Commentaire de la *Genèse* contre les Manichéens, II, 20.

XIV

De Blaise Pascal a la reine Christine
de Suède [1]

Madame,

Si j'avais autant de santé que de zèle, j'irais moi-même présenter à Votre Majesté un ouvrage de plusieurs années, que j'ose lui offrir de si loin ; et je ne souffrirais pas que d'autres mains que les miennes eussent l'honneur de le porter aux pieds de la plus grande princesse du monde. Cet ouvrage, Madame, est une machine pour faire les règles d'arithmétique sans plume et sans jetons. Votre Majesté n'ignore pas la peine et le temps que coûtent les productions nouvelles, surtout lorsque les inventeurs les veulent porter eux-mêmes à la dernière perfection ; c'est pourquoi il serait inutile de dire combien il y a que je travaille à celle-ci ; et je ne peux mieux l'exprimer qu'en disant que je m'y suis attaché avec autant d'ardeur que si j'eusse prévu qu'elle devait paraître un jour devant une personne si

1. Cette lettre, publiée par Bossut, est de l'année 1652.

auguste. Mais, Madame, si cet honneur n'a pas
été le véritable motif de mon travail, il en sera
du moins la récompense, et je m'estimerai trop
heureux si, ensuite de tant de veilles, il peut
donner à Votre Majesté une satisfaction de quelques moments. Je n'importunerai pas non plus
Votre Majesté du particulier de ce qui compose
cette machine : si elle en a quelque curiosité,
elle pourra se contenter dans un discours que
j'ai adressé à M. de Bourdelot[1] ; j'y ai touché
en peu de mots toute l'histoire de cet ouvrage,
l'objet de son invention, l'occasion de sa recherche, l'utilité de ses ressorts, les difficultés
de son exécution, les degrés de son progrès, le
succès de son accomplissement et les règles de
son usage. Je dirai donc seulement ici le sujet
qui me porte à l'offrir à Votre Majesté, ce que
je considère comme le couronnement et le dernier bonheur de son aventure. Je sais, Madame,
que je pourrai être suspect d'avoir recherché de
la gloire en la présentant à Votre Majesté, puisqu'elle ne saurait passer que pour extraordinaire,

1. Prêtre et médecin français, alors en faveur auprès
de la reine. On trouvera, dans l'édition des *Grands Ecrivains de la France*, deux lettres qu'il adressa à Pascal. V.
sur ce personnage : Jean Lemoine et André Lichtenberger,
Trois familiers du grand Condé. Paris, Champion, 1908.

quand on verra qu'elle s'adresse à elle, et qu'au
lieu qu'elle ne devrait lui être offerte que par
la considération de son excellence, on jugera
qu'elle est excellente, par cette seule raison
qu'elle lui est offerte. Ce n'est pas néanmoins
cette espérance qui m'a inspiré ce dessein. Il est
trop grand, Madame, pour avoir d'autre objet
que Votre Majesté même. Ce qui m'y a véritablement porté, est l'union qui se trouve en sa
personne sacrée, de deux choses qui me comblent
également d'admiration et de respect, qui sont
l'autorité souveraine et la science solide ; car j'ai
une vénération toute particulière pour ceux qui
sont élevés au suprême degré, ou de puissance
ou de connaissance. Les derniers peuvent, si je
ne me trompe, aussi bien que les premiers,
passer pour des souverains. Les mêmes degrés se
rencontrent entre les génies qu'entre les conditions ; et le pouvoir des rois sur les sujets n'est,
ce me semble, qu'une image du pouvoir des
esprits sur les esprits qui leur sont inférieurs,
sur lesquels ils exercent le droit de persuader,
qui est parmi eux ce que le droit de commander
est dans le gouvernement politique. Ce second
empire me paraît même d'un ordre d'autant
plus élevé, que les esprits sont d'un ordre plus

élevé que les corps, et d'autant plus équitable,
qu'il ne peut être départi et conservé que par
le mérite, au lieu que l'autre peut l'être par la
naissance ou par la fortune [1]. Il faut donc avouer
que chacun de ces empires est grand en soi ;
mais, Madame, que Votre Majesté me permette
de le dire, elle n'y est point blessée, l'un sans
l'autre me paraît défectueux. Quelque puissant
que soit un monarque, il manque quelque chose
à sa gloire, s'il n'a pas la prééminence de l'esprit ; et quelque éclairé que soit un sujet, sa
condition est toujours rabaissée par la dépendance. Les hommes, qui désirent naturellement
ce qui est le plus parfait, avaient jusqu'ici continuellement aspiré à rencontrer ce souverain
par excellence. Tous les rois et tous les savants
en étaient autant d'ébauches, qui ne remplis-
saient qu'à demi leur attente, et à peine nos an-
cêtres ont pu voir en toute la durée du monde
un roi médiocrement savant ; ce chef-d'œuvre
était réservé pour votre siècle. Et afin que cette
grande merveille parût accompagnée de tous les

1. Dans les *Pensées*, Pascal estimera plus tard que ces
deux ordres de grandeur s'effacent devant l'ordre de la
charité : « La distance infinie des corps aux esprits figure
la distance infiniment plus infinie des esprits à la charité,
car elle est surnaturelle. »

sujets possibles d'étonnement, le degré où les
hommes n'avaient pu atteindre est rempli par
une jeune Reine, dans laquelle se rencontrent
ensemble l'avantage de l'expérience avec la tendresse de l'âge [1], le loisir de l'étude avec l'occu-
pation d'une royale naissance, et l'éminence de
la science avec la faiblesse du sexe. C'est Votre
Majesté, Madame, qui fournit à l'univers cet
unique exemple qui lui manquait. C'est elle en
qui la puissance est dispensée par les lumières
de la science, et la science relevée par l'éclat de
l'autorité. C'est cette union si merveilleuse qui
fait que comme Votre Majesté ne voit rien qui
soit au-dessus de son esprit, et qu'elle sera l'admiration de tous les siècles qui la suivront,
comme elle a été l'ouvrage de tous les siècles qui
l'ont précédée. Régnez donc, incomparable
princesse, d'une manière toute nouvelle ; que
votre génie vous assujettisse tout ce qui n'est
pas soumis à vos armes : régnez par le droit de
la naissance, durant une longue suite d'années,
sur tant de triomphantes provinces ; mais régnez
toujours par la force de votre mérite sur toute
l'étendue de la terre. Pour moi, n'étant pas né
sous le premier de vos empires, je veux que tout

1. Christine avait alors vingt-six ans.

le monde sache que je fais gloire de vivre sous
le second ; et c'est pour le témoigner, que j'ose
lever les yeux jusqu'à ma Reine, en lui donnant
cette première preuve de ma dépendance.

Voilà, Madame, ce qui me porte à faire à Votre
Majesté ce présent, quoique indigne d'elle. Ma
faiblesse n'a pas étonné mon ambition. Je me
suis figuré qu'encore que le seul nom de Votre
Majesté semble éloigner d'elle tout ce qui lui
est disproportionné, elle ne rejette pas néanmoins tout ce qui lui est inférieur ; autrement
sa grandeur serait sans hommages et sa gloire
sans éloges. Elle se contente de recevoir un
grand effort d'esprit, sans exiger qu'il soit l'effort d'un esprit grand comme le sien. C'est par
cette condescendance qu'elle daigne entrer en
communication avec les autres hommes ; et
toutes ces considérations jointes me font lui protester avec toute la soumission dont l'un des plus
grands admirateurs de ses héroïques qualités est
capable, que je ne souhaite rien avec tant d'ardeur que de pouvoir être avoué,

Madame,

de Votre Majesté,
pour son très humble, très obéissant
et très fidèle serviteur.

PASCAL.

XV

DE BLAISE PASCAL A MONSIEUR PERIER [1]

De Paris, ce vendredi 6 Juin 1653.

Je viens de recevoir votre lettre où était celle de ma sœur, que je n'ai pas eu loisir de lire, et de plus je crois que cela serait inutile.

Ma sœur fit hier profession, jeudi 5 juin 1653. Il m'a été impossible de retarder : MM. de Port-Royal craignaient qu'un petit retardement en apportât un grand et voulaient la hâter par cette raison qu'ils espèrent la mettre bientôt dans les charges ; et partant il faut hâter, parce qu'il faut qu'elles aient pour cela plusieurs années de profession. Voilà de quoi ils m'ont payé. Enfin, je ne l'ai pu [2]...

1. Publiée par Faugère, t. I, p. 34.
2. Le reste manque.

XVI

DE FERMAT A BLAISE PASCAL [1]

Monsieur,

Si j'entreprends de faire un point avec un seul dé en huit coups : si nous convenons, après que l'argent est dans le jeu, que je ne jouerai pas le premier coup, il faut, par mon principe, que je tire du jeu $1/6$ du total pour être désintéressé, à raison dudit premier coup.

Que si encore nous convenons après cela que je ne jouerai pas le second coup, je dois, pour mon indemnité, tirer le 6e du restant, qui est $5/36$ du total.

Et si après cela nous convenons que je ne jouerai pas le troisième coup, je dois, pour mon indemnité, tirer le 6e du res..., qui est $25/216$ du total.

1. Les sept lettres suivantes ont été publiées dans les *Varia Opera Mathematica Petri de Fermat;* Toulouse, 1679. La première n'est pas datée, mais est de 1654. Elle répond à une lettre perdue de Pascal. Il est à peine besoin de rappeler que Pierre de Fermat (1601-1665), conseiller au Parlement de Toulouse, est l'un des créateurs du calcul des probabilités.

Et si après cela nous convenons encore que je ne jouerai pas le quatrième coup, je dois tirer le 6ᵉ du restant, qui est $^{125}/_{1296}$ du total, et je conviens avec vous que c'est la valeur du quatrième coup, supposé qu'on ait déjà traité des précédents. Mais vous me proposez dans l'exemple dernier de votre lettre (je mets vos propres termes) : si j'entreprends de trouver le six en huit coups et que j'en aie joué trois sans le rencontrer, si mon joueur me propose de ne point jouer mon quatrième coup et qu'il veuille me désintéresser à cause que je pourrais le rencontrer, il m'appartiendra $^{125}/_{1296}$ de la somme entière de nos mises ; ce qui pourtant n'est pas vrai, suivant mon principe. Car, en ce cas, les trois premiers coups n'ayant rien acquis à celui qui tient le dé, la somme totale restant dans le jeu, celui qui tient le dé et qui convient de ne pas jouer son quatrième coup, doit prendre pour son indemnité un 6ᵉ du total.

Et s'il avait joué quatre coups sans trouver le point cherché et qu'on convînt qu'il ne jouerait pas le cinquième, il aurait de même pour son indemnité un 6ᵉ du total. Car la somme entière restant dans le jeu, il ne suit pas seulement du principe, mais il est de même du sens naturel que chaque coup doit donner un égal avantage.

Je vous prie donc que je sache si nous sommes conformes au principe, ainsi que je crois, ou si nous différons seulement en l'application.

Je suis, etc.

FERMAT.

XVII

De Blaise Pascal a Fermat

Le 29 Juillet 1654.

Monsieur,

L'impatience me prend aussi bien qu'à vous et, quoique je sois encore au lit, je ne puis m'empêcher de vous dire que je reçus hier au soir, de la part de M. de Carcavi, votre lettre sur les partis [1], que j'admire si fort que je ne puis vous le dire. Je n'ai pas le loisir de m'étendre, mais, en un mot, vous avez trouvé les deux partis des dés et des parties dans la parfaite justesse ; j'en suis tout satisfait, car je ne doute plus maintenant que je ne sois dans la vérité, après la rencontre admirable où je me trouve avec vous.

[1]. Cette lettre ne nous est pas parvenue.

Pierre de Carcavi (?-1684), conseiller au grand conseil de Paris, puis, sous Colbert, bibliothécaire du roi. Il compte parmi les premiers membres de l'Académie des sciences. C'était un grand ami de Pascal, et Baillet a écrit dans sa *Vie de Monsieur Descartes* (t. II, p. 378), à la date de 1649 : « M. Pascal n'avait point encore alors d'ami plus intime que lui (Carcavi), sans en excepter même M. de Roberval ni Messieurs de Port-Royal, qu'il ne connut parfaitement que depuis. Il lui en avait donné des marques depuis peu par le beau présent de la merveilleuse machine d'arithmétique qu'il avait inventée. »

J'admire bien davantage la méthode des partis que celle des dés ; j'avais vu plusieurs personnes trouver celle des dés, comme M. le chevalier de Méré [1], qui est celui qui m'a proposé ces questions, et aussi M. de Roberval ; mais M. de Méré n'avait jamais pu trouver la juste valeur des parties, ni de biais pour y arriver, de sorte que je me trouvais seul qui eusse connu cette proportion.

Votre méthode est très sûre et est celle qui m'est la première venue à la pensée dans cette recherche ; mais parce que la peine des combinaisons est excessive, j'en ai trouvé un abrégé, et proprement une autre méthode bien plus courte et plus nette, que je voudrais pouvoir vous dire ici en peu de mots ; car je voudrais désormais vous ouvrir mon cœur, s'il se pouvait, tant j'ai de joie de voir notre rencontre. Je vois bien que la vérité est la même à Toulouse et à Paris.

Voici à peu près comme je fais pour savoir la

1. Antoine Gombaud, chevalier de Meré (1610-1685), en qui Sainte-Beuve (*Portraits littéraires*, t. III, p. 89) a vu le type de *l'honnête homme* au xviie siècle, M. Ch. H. Boudhors a publié dans la *Revue d'Histoire littéraire de la France* (janvier-mars et avril-juin 1913) un remarquable travail sur les rapports de Meré avec Pascal.

valeur de chacune des parties, quand deux
joueurs jouent, par exemple, trois parties,
et chacun a mis 32 pistoles au

Posons que le premier en ait deux et l'autre
une ; ils jouent maintenant une partie, dont
le sort est tel que, si le premier la gagne, il
gagne tout l'argent qui est au jeu, savoir, 64
pistoles ; si l'autre la gagne, ils sont deux parties à deux parties, et par conséquent, s'ils
veulent se séparer, il faut qu'ils retirent chacun leur mise, savoir, chacun 32 pistoles.

Considérez donc, Monsieur, que si le premier
gagne, il lui appartient 64 ; s'il perd, il lui appartient 32. Donc s'ils ne veulent point hasarder cette partie, et se hasarder sans la jouer,
le premier doit dire : « Je suis sûr d'avoir 32
pistoles, car la perte même me les donne ;
mais pour les 32 autres, peut-être je les aurai,
peut-être vous les aurez ; le hasard est égal ;
partageons donc ces 32 pistoles par la moitié,
et me donnez, outre cela, mes 32 qui me sont
sûres. » Il aura donc 48 pistoles et l'autre 16.

Posons maintenant que le premier ait deux
parties et l'autre point, et ils commencent à
jouer une partie. Le sort de cette partie est tel
que, si le premier la gagne, il tire tout l'ar-

gent, 64 pistoles ; si l'autre la gagne, les voilà revenus au cas précédent, auquel le premier aura deux parties et l'autre une.

Or, nous avons déjà montré qu'en ce cas il appartient à celui qui a les deux parties, 48 pistoles ; donc, s'ils veulent ne point jouer cette partie, il doit dire ainsi : « Si je la gagne, je gagnerai tout, qui est 64 ; si je la perds, il m'appartiendra légitimement 48 ; donc donnez-moi les 48 qui me sont certaines au cas même que je perde, et partageons les 16 autres par la moitié, puisqu'il y a autant de hasard que vous les gagniez comme moi. » Ainsi il aura 48 et 8, qui sont 56 pistoles.

Posons enfin que le premier n'ait qu'une partie et l'autre point. Vous voyez, Monsieur, que, s'ils commencent une partie nouvelle, le sort en est tel que, si le premier la gagne, il aura deux parties à point, et partant, par le cas précédent, il lui appartient 56 ; s'il la perd, ils sont partie à partie, donc il lui appartient 32 pistoles. Donc il doit dire : « Si vous voulez ne la pas jouer, donnez-moi 32 pistoles qui me sont sûres, et partageons le reste de 56 par la moitié. De 56 ôtez 32, reste 24 ; partagez donc 24 par la moitié, prenez-en 12 et moi 12, qui, avec 32, font 44. »

Or, par ce moyen, vous voyez, par les simples soustractions, que pour la première partie il appartient sur l'argent de l'autre 12 pistoles, pour la seconde autres 12, et pour la dernière 8.

Or, pour ne plus faire de mystère, puisque vous voyez aussi bien tout à découvert, et que je n'en faisais que pour voir si je ne me trompais pas, la valeur (j'entends la valeur sur l'argent de l'autre seulement) de la dernière partie de deux est double de la dernière partie de trois et quadruple de la dernière partie de quatre et octuple de la dernière partie de cinq, etc.

Mais la proportion des premières parties n'est pas si aisée à trouver : elle est donc ainsi, car je ne veux rien déguiser, et voici le problème dont je faisais tant de cas, comme en effet il me plaît fort :

Etant donné tel nombre de parties qu'on voudra, trouver la valeur de la première.

Soit le nombre des parties donné, par exemple, 8. Prenez les huit premiers nombres pairs et les huit premiers nombres impairs, savoir : 2, 4, 6, 8, 10, 12, 14, 16, et 1, 3, 5, 7, 9, 11, 13, 15.

Multipliez les nombres pairs en cette sorte : le premier par le second, le produit par le troisième, le produit par le quatrième, le produit par le cinquième, etc. ; multipliez les nombres impairs de la même sorte : le premier par le second, le produit par le troisième, etc.

Le dernier produit des pairs est le dénominateur, et le dernier produit des impairs est le numérateur de la fraction qui exprime la valeur de la première partie de huit ; c'est-à-dire que, si on joue chacun le nombre de pistoles exprimé par le produit des pairs, il en appartiendra sur l'argent de l'autre le nombre exprimé par le produit des impairs.

Ce qui se démontre, mais avec beaucoup de peine, par les combinaisons telles que vous les avez imaginées, et je n'ai pu le démontrer par cette autre voie que je viens de vous dire, mais seulement par celle des combinaisons. Et voici les propositions qui y mènent, qui sont proprement des propositions arithmétiques touchant les combinaisons, dont j'ai d'assez belles propriétés.

Si d'un nombre quelconque de lettres, par exemple, de 8 : A, B, C, D, E, F, G, H, vous en prenez toutes les combinaisons possibles de 4 lettres, et ensuite toutes les combinaisons possibles de 5 lettres, et puis de 6, de 7 et de 8, etc., et qu'ainsi vous preniez toutes les combinaisons possibles depuis la multitude, qui est la moitié de la toute, jusqu'au tout : je dis que, si vous joignez ensemble la moitié de la combinaison de 4 avec chacune des combinaisons supérieures, la somme sera le nombre tantième de la progression quaternaire à commencer par le binaire, qui est la moitié de la multitude.

Par exemple, et je vous le dirai en latin, car le français n'y vaut rien :

Si quotlibet litterarum, verbi gratia octo :
A, B, C, D, E, F, G, H,

sumantur omnes combinationes quaternarii, quinquenarii, senarii, etc., usque ad octonarium : dico, si jungas dimidium combinationis quaternarii, nempe 35 (dimidium 70) cum omnibus combinationibus quinquenarii, nempe 56, plus omnibus combinationibus senarii, nempe 28, plus omnibus combinationibus septenarii, nempe 8, plus omnibus combinationibus octonarii, nempe 1, factum esse quartum numerum progressionis quaternarii cujus origo est 2 : dico quartum numerum, quia 4 octonarii dimidium est.

Sunt enim numeri progressionis quaternarii
cujus origo est 2, isti :

2, 8, 32, 128, 512, etc.,

Quorum 2 primus est, 8 secundus, 32 tertius,
et 128 quartus, cui 128 æquantur :

+ 35 dimidium combinationis 4 litterarum,
+ 56 combinationis 5 litterarum,
+ 28 combinationis 6 litterarum,
+   8 combinationis 7 litterarum,
+   1 combinationis 8 litterarum.

— Voilà la première proposition, qui est purement arithmétique ; l'autre regarde la doctrine
des partis et est telle :

Il faut dire auparavant : si on a une partie de
5, par exemple, et qu'ainsi il en manque 4, le
jeu sera infailliblement décidé en 8, qui est
double de 4.

La valeur de la première partie de 5 sur l'argent de l'autre est la fraction qui a pour numérateur la moitié de la combinaison de 4 sur 8 (je
prends 4 parce qu'il est égal au nombre des parties qui manque, et 8 parce qu'il est double de
4), et pour dénominateur ce même numérateur,
plus toutes les combinaisons supérieures.

Ainsi, si j'ai une partie de 5, il m'appartient,

sur l'argent de mon joueur, $^{35}/_{128}$; c'est-à-dire que, s'il a mis 128 pistoles, j'en prends 35 et lui laisse le reste, 93.

Or, cette fraction $^{35}/_{128}$ est la même que celle-là : $^{105}/_{384}$ laquelle est faite par la multiplication des pairs pour le dénominateur, et la multiplication des impairs pour le numérateur.

Vous verrez bien sans doute tout cela, si vous vous en donnez tant soit peu la peine ; c'est pourquoi je trouve inutile de vous en entretenir davantage. Je vous envoie néanmoins une de mes vieilles Tables. Je n'ai pas le loisir de la copier ; je la referai. Vous y verrez comme toujours que la valeur de la première partie est égale à celle de la seconde, ce qui se trouve aisément par les combinaisons.

Vous verrez de même que les nombres de la première ligne augmentent toujours ; ceux de la seconde de même ; ceux de la troisième de même.

Mais ensuite ceux de la quatrième diminuent ; ceux de la cinquième, etc. Ce qui est étrange.

Je n'ai pas le temps de vous envoyer la démonstration d'une difficulté qui étonnait fort M..., car il a très bon esprit, mais il n'est pas géomètre (c'est, comme vous savez, un grand défaut), et même il ne comprend pas qu'une ligne mathématique soit divisible à l'infini et croit fort bien entendre qu'elle est composée de points en nombre fini, et jamais je n'ai pu l'en tirer. Si vous pouviez le faire, on le rendrait parfait.

Il me disait donc qu'il avait trouvé fausseté dans les nombres par cette raison :

Si on entreprend de faire un six avec un dé, il y a avantage de l'entreprendre en 4, comme de 671 à 625.

Si on entreprend de faire Sonnez avec deux dés, il y a désavantage de l'entreprendre en 24.

Et néanmoins 24 est à 36, qui est le nombre des faces des deux dés, comme 4 à 6, qui est le nombre des faces d'un dé.

Voilà quel était son grand scandale, qui lui faisait dire hautement que les propositions n'étaient pas constantes, et que l'arithmétique se démentait. Mais vous en verrez bien aisément la raison par les principes où vous êtes.

Je mettrai par ordre tout ce que j'en ai fait, quand j'aurai achevé des Traités géométriques où je travaille il y a déjà quelque temps.

J'en ai fait aussi d'arithmétiques, sur le sujet

desquels je vous supplie de me mander votre avis sur cette démonstration.

Je pose le lemme que tout le monde sait : que la somme de tant de nombres qu'on voudra de la progression continue de l'unité, comme 1, 2, 3, 4, étant prise deux fois, est égale au dernier, 4, mené dans le prochainement plus grand, 5 ; c'est-à-dire que la somme des nombres contenus dans A, étant prise deux fois, est égale au produit de A in (A + 1).

Maintenant je viens à ma proposition :

Duorum quorumlibet cuborum proximorum differentia, unitate demptâ, sextupla est omnium numerorum in minoris radice contentorum,

Sint duæ radices R, S unitate differentes : dico æquari summæ numerorum in S contentorum sexies sumptæ.

Etenim S vocetur A ; ergo R est

$$A + 1.$$

Igitur cubus radicis R, seu A + 1, est

$$A^3 + 3\,A^2 + 3\,A + 1^3.$$

Cubus vero S, seu A, est A^3 ; et horum differentia est

$$3\,A^2 + 3\,A + 1^3,$$

id est

$$R^3 - S^3 ;$$

igitur si auferatur unitas,

$$3 A^2 + 3 A \text{ æq. } R^3 - S^3 - 1.$$

Sed duplum summæ numerorum in A seu S contentorum æquatur, ex lemmate,

$$A \text{ in } A + 1, \text{ hoc est } A^2 + A ;$$

igitur sextuplum summæ numerorum in A contentorum æquatur

$$3 A^2 + 3 A.$$

Sed

$$3 A^2 + 3 A \text{ æq. } R^3 - S^3 - 1 ;$$

igitur

$$R^3 - S^3 - 1 \text{ æq. sextuplo summæ numerorum}$$
$$\text{in A seu S contentorum.}$$

Quod erat demonstrandum.

On ne m'a pas fait de difficulté là-dessus, mais on m'a dit qu'on ne m'en faisait pas par cette raison que tout le monde est accoutumé aujourd'hui à cette méthode ; et moi je prétends que, sans me faire grâce, on doit admettre cette démonstration comme d'un genre excellent ; j'en attends néanmoins votre avis avec toute soumission.

Tout ce que j'ai démontré en arithmétique est de cette nature. Voici encore deux difficultés :

J'ai démontré une proposition plane en me servant du cube d'une ligne, comparé au cube

d'une autre ; je prétends que cela est purement
géométrique, et dans la sévérité la plus grande.

De même, j'ai résolu le problème : *De quatre
plans, quatre points et quatre sphères, quatre
quelconques étant donnés, trouver une sphère
qui, touchant les sphères données, passe par les
points donnés, et laisse sur les plans des por-
tions de sphères capables d'angles donnés*, et
celui-ci : *De trois cercles, trois points, trois
lignes, trois quelconques étant donnés, trouver
un cercle qui, touchant les cercles et les points,
laisse sur les lignes un arc capable d'angle
donné.*

J'ai résolu ces problèmes pleinement, n'em-
ployant dans la construction que des cercles et
des lignes droites ; mais, dans la démonstration,
je me sers de lieux solides, de paraboles ou hy-
perboles. Je prétends néanmoins qu'attendu que
la construction est plane, ma solution est plane
et doit passer pour telle.

C'est mal reconnaître l'honneur que vous me
faites de souffrir mes entretiens, que de vous im-
portuner si longtemps ; je ne pense jamais vous
dire que deux mots, et si je ne vous dis pas ce
que j'ai le plus sur le cœur, qui est que plus je
vous connais, plus je vous admire et vous ho-

nore ; et que, si vous voyiez à quel point cela est, vous donneriez une place dans votre amitié à celui qui est, etc.

PASCAL [1].

TABLE

DONT IL EST FAIT MENTION DANS LA LETTRE PRÉCÉDENTE

Si on joue chacun 256, en

Il m'appartient sur les 256 pistoles de mon joueur, pour la		6 Parties	5 Parties	4 Parties	3 Parties	2 Parties	1 Partie
	1re Partie	63	70	80	96	128	256
	2e Partie	63	70	80	96	128	
	3e Partie	56	60	64	64		
	4e Partie	42	40	32			
	5e Partie	24	16				
	6e Partie	8					

1. La lettre qu'on vient de lire plut tellement à Fermat que celui-ci, par un billet que nous donnons en appendice, pria Pierre de Carcavi de se charger, avec Pascal, de la publication de ses ouvrages. On ignore si l'offre parvint jusqu'à Pascal.

Si on joue 256, chacun, en

Il m'appartient sur les 256 pistoles de mon joueur, pour

	6 Parties	5 Parties	4 Parties	3 Parties	2 Parties	1 Partie
La 1re Partie	63	70	80	96	128	256
Les 2 1res Parties	126	140	160	192	256	
Les 3 1res Parties	182	200	224	256		
Les 4 1res Parties	224	240	256			
Les 5 1res Parties	248	256				
Les 6 1res Parties	256					

XVIII

DE BLAISE PASCAL A FERMAT

Du 24 Août 1654.

Monsieur,

Je ne pus vous ouvrir ma pensée entière touchant les partis de plusieurs joueurs par l'ordinaire passé, et même j'ai quelque répugnance à le faire, de peur qu'en ceci cette admirable convenance qui était entre nous, et qui m'était si chère, ne commence à se démentir, car je crains que nous ne soyons de différents avis sur ce sujet. Je vous veux ouvrir toutes mes raisons, et vous me ferez la grâce de me redresser, si j'erre, ou de m'affermir, si j'ai bien rencontré. Je vous le demande tout de bon et sincèrement, car je ne me tiendrai pour certain que quand vous serez de mon côté.

Quand il n'y a que deux joueurs, votre méthode, qui procède par les combinaisons, est très sûre ; mais quand il y en a trois, je crois avoir démonstration qu'elle est mal juste, si ce n'est que vous y procédiez de quelque autre manière que je n'entends pas. Mais la méthode que je vous ai ouverte, et dont je me sers partout, est commune à toutes les conditions imaginables de toutes sortes de partis, au lieu que celle des combinaisons (dont je ne me sers qu'aux rencontres particulières où elle est plus courte que la générale) n'est bonne qu'en ces seules occasions et non pas aux autres.

Je suis sûr que je me donnerai à entendre, mais il me faudra un peu de discours, et à vous un peu de patience.

Voici comment vous procédez quand il y a deux joueurs :

Si deux joueurs, jouant en plusieurs parties, se trouvent en cet état qu'il manque deux parties au premier et trois au second, pour trouver le parti il faut, dites-vous, voir en combien de parties le jeu sera décidé absolument.

Il est aisé de supputer que ce sera en quatre parties ; d'où vous concluez qu'il faut voir combien quatre parties se combinent entre deux joueurs ; et voir combien il y a de combinaisons pour faire gagner le premier, et combien pour le second, et partager l'argent suivant cette proportion. J'eusse eu peine à entendre ce discours-là, si je ne l'eusse su de moi-même auparavant ; aussi vous l'aviez écrit dans cette pensée. Donc, pour voir combien quatre parties se combinent entre deux joueurs, il faut imaginer qu'ils jouent avec un dé à deux faces (puisqu'ils ne sont que deux joueurs), comme à croix et pile, et qu'ils jettent quatre de ces dés (parce qu'ils jouent en quatre parties) ; et maintenant il faut voir combien ces dés peuvent avoir d'assiettes différentes. Cela est aisé à supputer : ils peuvent en avoir seize, qui est le second degré de quatre, c'est-à-dire le carré. Car figurons-nous qu'une des faces est marquée *a*, favorable au premier joueur, et l'autre *b*, favorable au second ; donc ces quatre dés peuvent s'asseoir sur une de ces seize assiettes : *a a a a... b b b b*.

a	*a*	*a*	*a*	1
a	*a*	*a*	*b*	1
a	*a*	*b*	*a*	1
a	*a*	*b*	*b*	1
a	*b*	*a*	*a*	1
a	*b*	*a*	*b*	1
a	*b*	*b*	*a*	1
a	*b*	*b*	*b*	2
b	*a*	*a*	*a*	1
b	*a*	*a*	*b*	1
b	*a*	*b*	*a*	1
b	*a*	*b*	*b*	2
b	*b*	*a*	*a*	1
b	*b*	*a*	*b*	2
b	*b*	*b*	*a*	2
b	*b*	*b*	*b*	2

Et parce qu'il manque deux parties au premier joueur, toutes les faces qui ont deux *a* le font gagner : donc il en a 11 pour lui ; et parce qu'il y manque trois parties au second, toutes les faces où il y a trois *b* le peuvent faire gagner : donc il y en a 5. Donc il faut qu'ils partagent la somme comme 11 à 5.

Voilà votre méthode quand il y a deux joueurs. Sur quoi vous dites que, s'il y en a davantage, il ne sera pas difficile de faire les partis par la même méthode.

Sur cela, Monsieur, j'ai à vous dire que ce parti pour deux joueurs, fondé sur les combinaisons, est très juste et très bon ; mais que, s'il y a plus de deux joueurs, il ne sera pas toujours juste, et je vous dirai la raison de cette différence.

Je communiquai votre méthode à nos Messieurs, sur quoi M. de Roberval me fit cette objection :

Que c'est à tort que l'on prend l'art de faire le parti sur la supposition qu'on joue en quatre parties, vu que, quand il manque deux parties à l'un et trois à l'autre, il n'est pas de nécessité que l'on joue quatre parties, pouvant arriver qu'on n'en jouera que deux ou trois, ou, à la vérité, peut-être quatre ; et ainsi qu'il ne voyait pas pourquoi on prétendait de faire le parti juste sur une condition feinte qu'on jouera quatre parties, vu que la condition naturelle du jeu est qu'on ne jouera plus dès que l'un des joueurs aura gagné, et qu'au moins, si cela n'était faux, .cela n'était pas démontré, de sorte qu'il avait quelque soupçon que nous avions fait un paralogisme.

Je lui répondis que je ne me fondais pas tant sur cette méthode des combinaisons, laquelle véritablement n'est pas en son lieu en cette occasion, comme sur mon autre méthode universelle, à qui rien n'échappe, et qui porte sa démonstration avec soi, qui trouve le même parti précisément que celle des combinaisons ; et de plus je lui démontrai la vérité du parti entre deux joueurs par les combinaisons en cette sorte :

N'est-il pas vrai que, si deux joueurs, se trouvant en cet état de l'hypothèse qu'il manque deux parties à l'un et trois à l'autre, conviennent maintenant de gré à gré qu'on joue quatre parties complètes, c'est-à-dire qu'on jette les quatre dés à deux faces tous à la fois, n'est-il pas vrai, dis-je, que s'ils ont délibéré de jouer les quatre parties, le parti doit être tel que nous avons dit, suivant la multitude des assiettes favorables à chacun ?

Il en demeura d'accord ; et cela en effet est démonstratif ; mais il niait que la même chose subsistât, en ne s'astreignant pas à jouer les quatre parties. Je lui dis donc ainsi :

N'est-il pas clair que les mêmes joueurs,
n'étant pas astreints à jouer quatre parties, mais
voulant quitter le jeu dès que l'un aurait atteint
son nombre, peuvent, sans dommage ni avantage, s'astreindre à jouer les quatre parties entières, et que cette convention ne change en aucune manière leur condition ? Car, si le premier
gagne les deux premières parties de quatre, et
qu'ainsi il ait gagné, refusera-t-il de jouer encore
deux parties, vu que, s'il les gagne, il n'a pas
mieux gagné, et s'il les perd, il n'a pas moins
gagné, car ces deux que l'autre a gagnées ne lui
suffisent pas, puisqu'il lui en faut trois, et ainsi
il n'y a pas assez de quatre parties pour faire
qu'ils puissent tous deux atteindre le nombre qui
leur manque.

Certainement il est aisé de considérer qu'il
est absolument égal et indifférent à l'un et à
l'autre de jouer en la condition naturelle à leur
jeu, qui est de finir dès qu'un aura son compte,
ou de jouer les quatre parties entières ; donc,
puisque ces deux conditions sont égales et indif-
férentes, le parti doit être tout pareil en l'une et
en l'autre. Or, il est juste quand ils sont obligés
de jouer quatre parties, comme je l'ai montré ;
donc il est juste aussi en l'autre cas.

Voilà comment je le démontrai : et si vous y prenez garde, cette démonstration est fondée sur l'égalité des deux conditions, vraie et feinte, à l'égard de deux joueurs, et qu'en l'une et l'autre un même gagnera toujours ; et si l'un gagne ou perd en l'une, il gagnera ou perdra en l'autre, et jamais deux n'auront leur compte.

Suivons la même pointe pour trois joueurs, et posons qu'il manque une partie au premier, qu'il en manque deux au second et deux au troisième. Pour faire le parti suivant la même méthode des combinaisons, il faut chercher d'abord en combien de parties le jeu sera décidé, comme nous avons fait quand il y avait deux joueurs : ce sera en trois, car ils ne sauraient jouer trois parties sans que la décision soit arrivée nécessairement.

Il faut voir maintenant combien trois parties se combinent entre trois joueurs ; et combien il y en a de favorables à l'un, combien à l'autre, et combien au dernier ; et, suivant cette proportion, distribuer l'argent, de même qu'on a fait en l'hypothèse de deux joueurs.

Pour voir combien il y a de combinaisons en tout, cela est aisé : c'est la troisième puissance de 3, c'est-à-dire son cube 27. Car si on jette

trois dés à la fois (puisqu'il faut jouer trois parties) qui aient chacun trois faces (puisqu'il y a
trois joueurs), l'une marquée *a* favorable au
premier, l'autre *b* pour le second, l'autre *c* pour
le troisième, il est manifeste
que ces trois dés jetés ensemble
peuvent s'asseoir sur 27 assiettes différentes, savoir :

Or, il ne manque qu'une partie au premier : donc toutes les
assiettes où il y a un *a* sont
pour lui ; donc il y en a 19.

Il manque deux parties au
second : donc toutes les assiettes où il y a deux *b* sont
pour lui ; donc il y en a 7.

Il manque deux parties au
troisième : donc toutes les assiettes où il y a deux *c* sont
pour lui ; donc il y en a 7.

Si de là on concluait qu'il
faudrait donner à chacun selon la proportion de 19, 7, 7,
on se tromperait trop grossièrement, et je n'ai garde de
croire que vous le fassiez ainsi ;

			1	2	3
a	*a*	*a*	1		
a	*a*	*b*	1		
a	*a*	*c*	1		
a	*b*	*a*	1		
a	*b*	*b*	1	2	
a	*b*	*c*	1		
a	*c*	*a*	1		
a	*c*	*b*	1		
a	*c*	*c*	1		3
b	*a*	*a*	1		
b	*a*	*b*	1	2	
b	*a*	*c*	1		
b	*b*	*a*	1	2	
b	*b*	*b*		2	
b	*b*	*c*		2	
b	*c*	*a*	1		
b	*c*	*b*		2	
b	*c*	*c*			3
c	*a*	*a*	1		
c	*a*	*b*	1		
c	*a*	*c*	1		3
c	*b*	*a*	1		
c	*b*	*b*		2	
c	*b*	*c*			3
c	*c*	*a*	1		3
c	*c*	*b*			3
c	*c*	*c*			3

car il y a quelques faces favorables au premier et au second tout ensemble, comme *a b b*, car le premier y trouve un *a* qu'il lui faut, et le second deux *b* qui lui manquent ; ainsi *a c c* est pour le premier et le troisième.

Donc il ne faut pas compter ces faces qui sont communes à deux comme valant la somme entière à chacun, mais seulement la moitié. Car, s'il arrivait l'assiette *a c c*, le premier et le troisième auraient même droit à la somme, ayant chacun leur compte ; donc ils partageraient l'argent par la moitié. Mais s'il arrive l'assiette *a b b*, le premier gagne seul. Il faut donc faire la supputation ainsi :

Il y a 13 assiettes qui donnent l'entier au premier, et 6 qui lui donnent la moitié, et 8 qui ne lui donnent rien ; donc, si la somme entière est une pistole, il y a 13 faces qui lui valent chacune une pistole, il y a 6 faces qui lui valent chacune une $\frac{1}{2}$ pistole, et 8 qui ne valent rien.

Donc, en cas de parti, il faut multiplier :

13 par une pistole, qui font... 13

6 par une demi, qui font..... 3

8 par zéro, qui font........ 0

Somme... 27   Somme... 16

et diviser la somme des valeurs, 16, par la somme des assiettes, 27, qui fait la fraction $^{16}/_{27}$ qui est ce qui appartient au premier en cas de parti, savoir 16 pistoles de 27.

Le parti du second et du troisième joueur se trouvera de même :

Il y a 4 assiettes qui lui valent une pistole : multipliez............ 4

Il y a 3 assiettes qui lui valent $\frac{1}{2}$ pistole : multipliez............ 1 $\frac{1}{2}$

Et 20 assiettes qui ne lui valent rien 0

Somme 27   Somme 5 $\frac{1}{2}$

Donc il appartient au second joueur 5 pistoles et $\frac{1}{2}$ sur 27, et autant au troisième, et ces trois sommes, 5 $\frac{1}{2}$, 5 $\frac{1}{2}$ et 16, étant jointes, font les 27.

Voilà, ce me semble, de quelle manière il faudrait faire les partis par les combinaisons suivant votre méthode, si ce n'est que vous ayez quelque autre chose sur ce sujet que je ne puis savoir. Mais, si je ne me trompe, ce parti est mal juste.

La raison en est qu'on suppose une chose fausse, qui est qu'on joue en trois parties infailliblement, au lieu que la condition naturelle de

ce jeu-là est qu'on ne joue que jusqu'à ce qu'un
des joueurs ait atteint le nombre de parties qui
lui manque, auquel cas le jeu cesse.

Ce n'est pas qu'il ne puisse arriver qu'on joue
trois parties ; mais il peut arriver aussi qu'on
n'en jouera qu'une ou deux, et rien de nécessité.

Mais d'où vient, dira-t-on, qu'il n'est pas permis de faire en cette rencontre la même supposition feinte que quand il y avait deux joueurs ?
En voici la raison :

Dans la condition véritable de ces trois
joueurs, il n'y en a qu'un qui peut gagner, car
la condition est que, dès qu'un a gagné, le jeu
cesse. Mais, en la condition feinte, deux peuvent
atteindre le nombre de leurs parties : savoir, si
le premier en gagne une qui lui manque, et un
des autres deux qui lui manquent ; car ils n'auront joué que trois parties : au lieu que, quand
il n'y avait que deux joueurs, la condition feinte
et la véritable convenaient pour les avantages des
joueurs en tout ; et c'est ce qui met l'extrême différence entre la condition feinte et la véritable.

Que si les joueurs, se trouvant en l'état de l'hypothèse, c'est-à-dire s'il manque une partie au
premier et deux au second et deux au troisième,
veulent maintenant de gré à gré et conviennent

de cette condition, qu'on jouera trois parties
complètes, et que ceux qui auront atteint le
nombre qui leur manque prendront la somme
entière s'ils se trouvent seuls qui l'aient atteint,
ou, s'il se trouve que deux l'aient atteint, qu'ils
la partageront également : en ce cas, le parti se
doit faire comme je viens de le donner, que le
premier ait 16, le second 5 $\frac{1}{2}$, le troisième 5 $\frac{1}{2}$ de
27 pistoles, et cela porte sa démonstration de
soi-même, en supposant cette condition ainsi.

Mais s'ils jouent simplement à condition, non
pas qu'on joue nécessairement trois parties,
mais seulement jusqu'à ce que l'un d'entre eux
ait atteint ses parties, et qu'alors le jeu cesse sans
donner moyen à un autre d'y arriver, alors il
appartient au premier 17 pistoles, au second 5,
au troisième 5, de 27.

Et cela se trouve par ma méthode générale,
qui détermine aussi qu'en la condition précédente il en faut 16 au premier, 5 $\frac{1}{2}$ au second,
et 5 $\frac{1}{2}$ au troisième, sans se servir des combinaisons, car elle va partout et sans obstacle.

Voilà, Monsieur, mes pensées sur ce sujet,
sur lequel je n'ai d'autre avantage sur vous que
celui d'y avoir beaucoup plus médité ; mais c'est
peu de chose à votre égard, puisque vos pre-

mières vues sont plus pénétrantes que la longueur de mes efforts.

Je ne laisse pas de vous ouvrir mes raisons pour en attendre le jugement de vous. Je crois vous avoir fait connaître par là que la méthode des combinaisons est bonne entre deux joueurs par accident, comme elle l'est aussi quelquefois entre trois joueurs, comme quand il manque une partie à l'un, une à l'autre et deux à l'autre, parce qu'en ce cas le nombre des parties dans lesquelles le jeu sera achevé ne suffit pas pour en faire gagner deux ; mais elle n'est pas générale, et n'est bonne généralement qu'au cas seulement qu'on soit astreint à jouer un certain nombre de parties exactement.

De sorte que, comme vous n'aviez pas ma méthode quand vous m'avez proposé le parti de plusieurs joueurs, mais seulement celle des combinaisons, je crains que nous ne soyons de sentiments différents sur ce sujet.

Je vous supplie de me mander de quelle sorte vous procédez en la recherche de ce parti. Je recevrai votre réponse avec respect et avec joie, quand même votre sentiment me serait contraire.

Je suis, etc.

PASCAL.

XIX

De Fermat à Blaise Pascal

De Toulouse, le 29 Août 1654.

Monsieur,

Nos coups fourrés continuent toujours, et je suis aussi bien que vous dans l'admiration de quoi nos pensées s'ajustent si exactement, qu'il semble qu'elles aient pris une même route et fait un même chemin. Vos derniers Traités du Triangle arithmétique [1] et de son application en sont une preuve authentique ; et, si mon calcul ne me trompe, votre onzième conséquence [2]

[1]. Ces ouvrages furent publiés après la mort de Pascal, sous ce titre : *Traité du Triangle arithmétique avec quelques autres petits traités sur la même matière* par Monsieur Pascal. A Paris, chez Guillaume Desprez, rue Saint-Jacques, à Saint-Prosper, MDCLXV.

[2]. Cette « conséquence » est ainsi énoncée dans l'édition originale du *Traité du Triangle arithmétique* : « Un nombre, de quelque ordre que ce soit, étant multiplié par la racine précédente et divisé par l'exposant de son ordre, donne pour quotient le nombre de l'ordre suivant qui procède de cette racine. » Pascal l'a fait suivre du commentaire suivant : « Les matières de tourner une même chose sont infinies : en voici un illustre exemple, et bien glorieux pour moi. Cette même proposition que je viens de rouler en plusieurs sortes, est tombée dans la pensée

courait la poste de Paris à Toulouse, pendant que ma proposition des nombres figurés, qui en effet est la même, allait de Toulouse à Paris.

Je n'ai garde de faillir tandis que je rencontrerai de cette sorte, et je suis persuadé que le vrai moyen pour m'empêcher de faillir est celui de concourir avec vous. Mais si j'en disais davantage, la chose tiendrait du compliment, et nous avons banni cet ennemi des conversations douces et aisées.

Ce serait maintenant à mon tour à vous débiter quelqu'une de mes inventions numériques ; mais la fin du Parlement augmente mes occupations, et j'ose espérer de votre bonté que vous m'accorderez un répit juste et quasi nécessaire.

Cependant je répondrai à votre question des trois joueurs qui jouent en deux parties. Lorsque le premier en a une, et que les autres n'en ont

de notre célèbre Conseiller de Toulouse, Monsieur de Fermat ; et, ce qui est admirable, sans qu'il m'en eût donné la moindre lumière, ni moi à lui, il écrivait dans sa province ce que j'inventais à Paris, heure pour heure, comme nos lettres écrites et reçues en même temps le témoignent. » En réalité, comme l'a établi M. Pierre Boutroux dans l'édition des *Grands Ecrivains de la France* (t. III, p. 344) les découvertes de Fermat et de Pascal ne furent pas simultanées. Fermat avait dix-huit ans de priorité.

pas une, votre première solution est la vraie, et la division de l'argent se doit faire en 17, 5 et 5 ; de quoi la raison est manifeste et se prend toujours du même principe, les combinaisons faisant voir d'abord que le premier a pour lui 17 hasards égaux, lorsque chacun des deux autres n'en a que 5.

Au reste, il n'est rien à l'avenir que je ne vous communique avec toute franchise. Songez cependant, si vous le trouvez à propos, à cette proposition.

Les puissances carrées de 2, augmentées de l'unité, sont toujours des nombres premiers.

Le carré de 2, augmenté de l'unité, fait 5, qui est nombre premier.

Le carré du carré fait 16 qui, augmenté de l'unité, fait 17, nombre premier.

Le carré de 16 fait 256 qui, augmenté de l'unité, fait 257, nombre premier.

Le carré de 256 fait 65.536 qui, augmenté de l'unité, fait 65.537, nombre premier. Et ainsi à l'infini.

C'est une propriété de la vérité de laquelle je vous réponds. La démonstration en est très malaisée, et je vous avoue que je n'ai pu encore la trouver pleinement ; je ne vous la proposerais pas pour la chercher, si j'en étais venu à bout.

Cette proposition sert à l'invention des nombres qui sont à leurs parties aliquotes en raison donnée, sur quoi j'ai fait des découvertes considérables. Nous en parlerons une autre fois.

Je suis, etc.

FERMAT.

XX

De Fermat à Blaise Pascal

Monsieur,

N'appréhendez pas que notre convenance se
démente ; vous l'avez confirmée vous-même en
pensant la détruire, et il me semble qu'en ré-
pondant à M. de Roberval pour vous, vous avez
aussi répondu pour moi.

Je prends l'exemple des trois joueurs, au premier desquels il manque une partie, et à chacun
des deux autres deux, ce qui est le cas que vous
m'opposez. Je n'y trouve que 17 combinaisons
pour le premier et 5 pour chacun des deux autres ; car, quand vous dites que la combinaison
a c c est bonne pour le premier et pour le troisième, il semble que vous ne vous souveniez
plus que tout ce qui se fait après que l'un des
joueurs a gagné ne sert plus de rien. Or, cette
combinaison ayant fait gagner le premier dès
la première partie, qu'importe que le troisième
en gagne deux ensuite, puisque, quand il en gagnerait trente, tout cela serait superflu ?

Ce qui vient de ce que, comme vous avez très

bien remarqué, cette fiction d'étendre le jeu à un certain nombre de parties ne sert qu'à faciliter la règle, et, suivant mon sentiment, à rendre tous les hasards égaux, ou bien, plus intelligiblement, à réduire toutes les fractions à une même dénomination.

Et afin que vous n'en doutiez plus, si au lieu de trois parties, vous étendez, au cas proposé, la feinte jusqu'à quatre, il y aura non seulement 27 combinaisons, mais 81, et il faudra voir combien de combinaisons feront gagner au premier une partie plutôt que deux à chacun des autres, et combien feront gagner à chacun des deux autres deux parties plutôt qu'une au premier. Vous trouverez que les combinaisons pour le gain du premier seront 51, et celles de chacun des autres deux 12, ce qui revient à la même raison.

Que si vous prenez cinq parties, ou tel autre nombre qu'il vous plaira, vous trouvez toujours 3 nombres en proportion de 17, 5, 5.

Et ainsi j'ai droit de dire que la combinaison *a c c* n'est que pour le premier et non pour le troisième, et que *c c a* n'est que pour le troisième et non pour le premier, et que partant ma règle des combinaisons est la même en trois

joueurs qu'en deux, et généralement en tout
nombre.

Vous aviez déjà pu voir par ma précédente -
que je n'hésitais point à la solution véritable de
la question des trois joueurs dont je vous avais
envoyé les trois nombres décisifs 17, 5, 5. Mais
parce que M. de Roberval sera peut-être bien aise
de voir une solution sans rien feindre, et
qu'elle peut quelquefois produire des abrégés
en beaucoup de cas, la voici en l'exemple proposé :

Le premier peut gagner, ou en une seule partie, ou en deux, ou en trois.

S'il gagne en une seule partie, il faut qu'avec
un dé qui a trois faces, il rencontre la favorable
du premier coup. Un seul dé produit 3 hasards ;
ce joueur a donc pour lui $^1/_3$ des hasards lorsqu'on ne joue qu'une partie.

Si on en joue deux, il peut gagner de deux
façons : ou lorsque le second joueur gagne la
première et lui la seconde, ou lorsque le troisième gagne la première et lui la seconde. Or,
deux dés produisent 9 hasards ; ce joueur a donc
pour lui $^2/_9$ des hasards lorsqu'on joue deux parties.

Si on en joue trois, il ne peut gagner que de

deux façons : ou lorsque le second gagne la première, le troisième la seconde et lui la troisième,
ou lorsque le troisième gagne la première, le second la seconde, et lui la troisième ; car, si le
second ou le troisième joueur gagnait les deux
premières, il gagnerait le jeu, et non pas le premier joueur. Or, trois dés ont 27 hasards ; donc
le premier joueur a $^2/_{27}$ des hasards lorsqu'on
joue trois parties.

La somme des hasards qui font gagner ce pre-
mier joueur est par conséquent $^1/_3$, $^2/_9$ et $^2/_{27}$; ce
qui fait en tout $^{17}/_{27}$.

Et la règle est bonne et générale en tous les
cas, de sorte que, sans recourir à la feinte, les
combinaisons véritables en chaque nombre des
parties portent leur solution et font voir ce que
j'ai dit au commencement : que l'extension à
un certain nombre de parties n'est autre chose
que la réduction de diverses fractions à une
même dénomination. Voilà en peu de mots tout
le mystère, qui nous remettra sans doute en
bonne intelligence, puisque nous ne cherchons
l'un et l'autre que la raison et la vérité.

J'espère vous envoyer à la Saint-Martin un
abrégé de tout ce que j'ai inventé de considérable aux nombres. Vous me permettrez d'être

concis et de me faire entendre seulement à un homme qui comprend tout à demi-mot.

Ce que vous y trouverez de plus important regarde la proposition que tout nombre est composé d'un, de deux ou de trois triangles ; d'un, de deux, de trois ou de quatre carrés ; d'un, de deux, de trois, de quatre ou de cinq pentagones ; d'un, de deux, de trois, de quatre, de cinq ou de six hexagones, et à l'infini.

Pour y parvenir, il faut démontrer que tout nombre premier qui surpasse de l'unité un multiple de 4 est composé de deux carrés, comme 5, 13, 17, 29, 37, etc.

Etant donné un nombre premier de cette nature, comme 53, trouver, par règle générale, les deux carrés qui le composent.

Tout nombre premier qui surpasse de l'unité un multiple de 3, est composé d'un carré et du triple d'un autre carré, comme 7, 13, 19, 31, 37, etc.

Tout nombre premier qui surpasse de 1 ou de 3 un multiple de 8, est composé d'un carré et du double d'un autre carré, comme 11, 17, 19, 41, 43, etc.

Il n'y a aucun triangle en nombre duquel l'aire soit égale à un nombre carré.

Cela sera suivi de l'invention de beaucoup de propositions que Bachet avoue avoir ignorées, et qui manquent dans le Diophante.

Je suis persuadé que, dès que vous aurez connu ma façon de démontrer en cette nature de propositions, elle vous paraîtra belle et vous donnera lieu de faire beaucoup de nouvelles découvertes ; car il faut, comme vous savez, que *multi pertranseant ut augeatur scientia.*

S'il me reste du temps, nous parlerons ensuite des nombres magiques, et je rappellerai mes vieilles espèces sur ce sujet.

Je suis de tout mon cœur, Monsieur,

> votre, etc.

> FERMAT.

Je souhaite la santé de M. de Carcavi comme la mienne, et je suis tout à lui.

Ce 25 Septembre.

Je vous écris de la campagne, et c'est ce qui retardera par aventure mes réponses pendant ces vacations.

XXI

De Blaise Pascal a Fermat

Du 27 Octobre 1654.

Monsieur,

Votre dernière lettre m'a parfaitement satisfait. J'admire votre méthode pour les partis, d'autant mieux que je l'entends fort bien ; elle est entièrement vôtre, et n'a rien de commun avec la mienne, et arrive au même but facilement. Voilà notre intelligence rétablie.

Mais, Monsieur, si j'ai concouru avec vous en cela, cherchez ailleurs qui vous suive dans vos inventions numériques, dont vous m'avez fait la grâce de m'envoyer les énonciations. Pour moi, je vous confesse que cela me passe de bien loin ; je ne suis capable que de les admirer, et vous supplie très humblement d'occuper votre premier loisir à les achever. Tous nos Messieurs les virent samedi dernier et les estimèrent de tout leur cœur. On ne peut pas aisément supporter l'attente de choses si belles et si souhaitables. Pensez-y donc, s'il vous plaît, et assurez-vous que je suis, etc.

PASCAL.

XXII

PREMIÈRE LETTRE DE BLAISE PASCAL
A Mlle DE ROUANNEZ [1]

[Septembre 1656.]

Votre lettre m'a donné une extrême joie. Je vous avoue que je commençais à craindre ou au moins à m'étonner. Je ne sais ce que c'est que ce commencement de douleur dont vous parlez ; mais je sais qu'il faut qu'il en vienne. Je lisais tantôt le 13ᵉ chapitre de saint Marc en pensant

1. A la fin de l'année 1656, tandis que paraissaient les *Provinciales*, Pascal adressa à Mlle de Rouannez, sœur de son ami, le duc de Rouannez, des lettres de direction dont 9 fragments nous ont été conservés. Des extraits de ces lettres trouvèrent place, sans indication d'origine, dans l'édition des *Pensées* de 1669. Un fragment complet (le quatrième) fut inséré dans le recueil d'Utrecht en 1740 ; une partie du cinquième prit place dans l'édition Bossut ; sept autres ont été publiés par Victor Cousin en 1842. Dans la *Revue Bourguignonne de l'Enseignement supérieur* (1891, t. I, n° 3, p. 517), M. Charles Adam a proposé un classement qui s'est de suite imposé, et M. Félix Gazier, dans l'édition des *Grands Ecrivains de la France*, a pu apporter quelques précisions nouvelles. Après la mort de Pascal et de Mme Perier, Mlle de Rouannez renonça à son dessein d'entrer en religion, et épousa le duc de la Feuillade. Elle mourut le 13 février 1683.

à vous écrire, et aussi je vous dirai ce que j'y ai trouvé. Jésus-Christ y fait un grand discours à ses Apôtres sur son dernier avènement ; et, comme tout ce qui arrive à l'Eglise arrive aussi à chaque chrétien en particulier, il est certain que tout ce chapitre prédit aussi bien l'état de chaque personne, qui en se convertissant détruit le vieil homme en elle, que l'état de l'univers entier, qui sera détruit pour faire place à de nouveaux cieux et à une nouvelle terre, comme dit l'Ecriture. Et aussi je songeais que cette prédiction de la ruine du Temple réprouvé, qui figure la ruine de l'homme réprouvé qui est en chacun de nous, et dont il est dit qu'il ne sera laissé pierre sur pierre, marque qu'il ne doit être laissé aucune passion du vieil homme. Et ces effroyables guerres civiles et domestiques représentent si bien le trouble intérieur que sentent ceux qui se donnent à Dieu, qu'il n'y a rien de mieux peint.

Mais cette parole est étonnante : *Quand vous verrez l'abomination dans le lieu où elle ne doit pas être, alors que chacun s'enfuie sans rentrer dans sa maison pour reprendre quoi que ce soit.* Il me semble que cela prédit parfaitement le temps où nous sommes, où la corruption de la morale est aux maisons de sainteté et dans les livres des théologiens et des religieux, où elle ne devrait pas être. Il faut sortir après un tel désordre, et malheur à celles qui sont enceintes ou nourrices en ce temps-là, c'est-à-dire à ceux qui ont des attachements au monde qui les y retiennent. La parole d'une sainte est à propos sur ce sujet : *Qu'il ne faut pas examiner si on a vocation pour sortir du monde, mais seulement si on a vocation pour y demeurer, comme on ne consulterait point si on est appelé à sortir d'une maison pestiférée ou embrasée* [1].

Ce chapitre de l'Evangile, que je voudrais lire avec vous tout entier, finit par une exhortation à veiller et à prier pour éviter tous ces malheurs, et en effet il est bien juste que la prière soit continuelle quand le péril est continuel.

1. Cette parole avait dû être citée par M. Singlin, le directeur de Port-Royal, lorsque, prêchant, le samedi 21 novembre 1654. « sur le commencement de la vie des chrétiens et sur l'importance de les rendre saints en ne s'engageant pas comme font presque tous les gens du monde, par l'habitude, par la coutume et par des raisons de bienséance toutes humaines dans les charges et dans les mariages ; il montra comment il fallait consulter Dieu avant que de s'y engager et bien examiner si on pouvait faire son salut ou si on n'y trouverait point d'obstacles. » (Marguerite Perier). Personne n'ignore que la conversion définitive de Pascal date de ce sermon.

J'envoie à ce dessein des prières qu'on m'a demandées ; c'est à trois heures après-midi. Il s'est fait un miracle depuis votre départ à une religieuse de Pontoise qui, sans sortir de son couvent, a été guérie d'un mal de tête extraordinaire par une dévotion à la Saint-Epine[1]. Je vous en manderai un jour davantage ; mais je vous dirai sur cela un beau mot de saint Augustin, et bien consolatif pour de certaines personnes ; c'est qu'il dit que *ceux-là voient véritablement les miracles auxquels les miracles profitent,* car on ne les voit pas si on n'en profite pas.

Je vous ai une obligation que je ne puis assez vous dire du présent que vous m'avez fait. Je ne savais ce que ce pouvait être, car je ne l'ai déployé avant que de lire votre lettre, et je me suis repenti ensuite de ne lui avoir pas rendu d'abord le respect que je lui devais. C'est une

1. « Il s'agit d'une Ursuline, sœur Marie de l'Assomption ; malade depuis huit mois, elle avait envoyé à Port-Royal des linges que l'on fit toucher à la Sainte-Epine ; elle fut guérie le vendredi 25 août 1656, à la fin d'une neuvaine commencée le 17. Les religieuses de Pontoise envoyèrent à l'abbesse de Port-Royal une attestation des officiers de la maison et des médecins ; ces actes sont datés du 14 septembre. Il semble bien que Port-Royal n'eut connaissance du miracle que par les pièces officielles. » (Gazier). La lettre de Pascal aurait donc été écrite aux environs du 15 septembre.

vérité que le Saint-Esprit repose invisiblement dans les reliques de ceux qui sont morts dans la grâce de Dieu, jusqu'à ce qu'il y paraisse visiblement en la résurrection, et c'est ce qui rend les reliques des saints si dignes de vénération. Car Dieu n'abandonne jamais les siens, et non pas même dans le sépulcre où leurs corps, quoique morts aux yeux des hommes, sont plus vivants devant Dieu, à cause que le péché n'y est plus, au lieu qu'il y réside toujours durant cette vie, au moins quant à sa racine, car les fruits du péché n'y sont pas toujours ; et cette malheureuse racine, qui en est inséparable pendant la vie, fait qu'il n'est pas permis de les honorer alors, puisqu'ils sont plutôt dignes d'être haïs. C'est pour cela que la mort est nécessaire pour mortifier entièrement cette malheureuse racine, et c'est ce qui la rend souhaitable. Mais il ne sert de rien de vous dire ce que vous savez si bien ; il vaudrait mieux le dire à ces autres personnes dont vous parlez, mais elles ne l'écouteraient pas...

XXIII

DEUXIÈME LETTRE DE BLAISE PASCAL
A Mlle DE ROUANNEZ

[24 Septembre 1656.]

...Il est bien assuré qu'on ne se détache jamais sans douleur. On ne sent pas son lien quand on suit volontairement celui qui entraîne, comme dit saint Augustin[1]. Mais quand on commence à résister et à marcher en s'éloignant, on souffre bien ; le lien s'étend et endure toute la violence ; et ce lien est notre propre corps, qui ne se rompt qu'à la mort. Notre-Seigneur a dit[2] que, *depuis la venue de Jean-Baptiste*, c'est-à-dire depuis son avènement dans le monde, et par conséquent depuis son avènement dans chaque fidèle, *le royaume de Dieu souffre violence, et que les violents le ravissent.* Avant que l'on soit touché, on n'a que le poids de sa concupiscence, qui porte à la terre. Quand Dieu attire en haut, ces deux efforts contraires font cette violence que Dieu seul peut faire surmonter.

1. *In Joan. Evang. tr. XXVI.*
2. *Matth.* XI, 12.

Mais nous pouvons tout, dit saint Léon [1], avec celui sans lequel nous ne pouvons rien. Il faut donc se résoudre à souffrir cette guerre toute sa vie, car il n'y a point ici de paix. Jésus-Christ est venu apporter le couteau et non la paix. Mais néanmoins il faut avouer que comme l'Ecriture dit que *la sagesse des hommes n'est que folie devant Dieu* [2], aussi on peut dire que cette guerre, qui paraît dure aux hommes, est une paix devant Dieu ; car c'est cette paix que Jésus-Christ a aussi apportée. Elle ne sera néanmoins parfaite que quand le corps sera détruit ; et c'est ce qui fait souhaiter la mort, en souffrant néanmoins de bon cœur la vie pour l'amour de celui qui a souffert pour nous et la vie et la mort, et qui peut nous donner plus de biens que nous n'en pouvons ni demander ni imaginer, comme dit saint Paul, en l'épître de la messe d'aujourd'hui [3]...

1. Ce texte de saint Léon (serm. 8 de Epiph.). a dû venir à la connaissance de Pascal par l'intermédiaire des écrits d'Arnauld (*Apologie pour les Saints Pères; Lettre à un duc et pair*, et surtout *Dissertatio de Gratia efficaci*, parue trois ou quatre mois plus tôt).

2. *Paul I Cor.* III, 19.

3. *Paul. Ephes.* III, 20. Epître du xvie dimanche après la Pentecôte, qui tombait, en 1656, le 24 septembre.

XXIV

Troisième lettre de Blaise Pascal
a Mlle de Rouannez [1]

Je ne crains plus rien pour vous, Dieu merci, et j'ai une espérance admirable. C'est une parole bien consolante que celle de Jésus-Christ : *Il sera donné à ceux qui ont déjà* [2]. Par cette promesse, ceux qui ont beaucoup reçu ont droit d'espérer davantage, et ainsi ceux qui ont reçu extraordinairement doivent espérer extraordinairement. J'essaye autant que je puis de ne m'affliger de rien, et de prendre tout ce qui arrive pour le meilleur. Je crois que c'est un devoir, et qu'on pèche en ne le faisant pas. Car enfin la raison pour laquelle les péchés sont péchés, c'est seulement parce qu'ils sont contraires à la volonté de Dieu ; et ainsi l'essence du péché consistant à avoir une volonté opposée à celle que nous connaissons en Dieu, il est visible, ce me semble, que quand il nous découvre sa volonté par les événements, ce serait un péché de

1. La date de cette lettre est très incertaine.
2. *Matth.* XIII, 12.

ne s'y pas accommoder. J'ai appris que tout ce qui est arrivé a quelque chose d'admirable, puisque la volonté de Dieu y est marquée. Je le loue de tout mon cœur de la continuation parfaite de ses grâces, car je vois bien qu'elles ne diminuent point.

L'affaire du... ne va guère bien : c'est une chose qui fait trembler ceux qui ont de vrais mouvements de Dieu de voir la persécution qui se prépare non seulement contre les personnes (ce serait peu), mais contre la vérité. Sans mentir, Dieu est bien abandonné. Il me semble que c'est un temps où le service qu'on lui rend lui est bien agréable. Il veut que nous jugions de la grâce par la nature, et ainsi il permet de considérer que comme un prince chassé de son pays par ses sujets a des tendresses extrêmes pour ceux qui lui demeurent fidèles dans la révolte publique, de même il semble que Dieu considère avec une bonté particulière ceux qui défendent aujourd'hui la pureté de la religion et de la morale, qui est si fort combattue. Mais il y a cette différence entre les rois de la terre et le Roi des rois, que les princes ne rendent pas leurs sujets fidèles, mais qu'ils les trouvent tels : au lieu que Dieu ne trouve jamais les hommes qu'infidèles, et qu'il les rend fidèles quand ils le sont. De sorte qu'au lieu que les rois ont une obligation insigne à ceux qui demeurent dans leur obéissance, il arrive, au contraire, que ceux qui subsistent dans le service de Dieu lui sont eux-mêmes redevables infiniment. Continuons donc à le louer de cette grâce, s'il nous l'a faite, de laquelle nous le louerons dans l'éternité, et prions-le qu'il nous la fasse encore, et qu'il ait pitié de nous et de l'Eglise entière, hors laquelle il n'y a que malédiction.

Je prends part au... persécuté dont vous parlez. Je vois bien que Dieu s'est réservé des serviteurs cachés, comme il le dit à Elie[1]. Je le prie que nous en soyons bien et comme il faut, en esprit et en vérité et sincèrement...

1. III Reg. XVIII, 4.

XXV
QUATRIÈME LETTRE DE BLAISE PASCAL
A Mme DE ROUANNEZ

[Fin d'Octobre 1656.]

...Il me semble que vous prenez assez de part au miracle pour vous mander en particulier que la vérification en est achevée par l'Eglise, comme vous le verrez par cette sentence de M. le grand-vicaire [1]. Il y a si peu de personnes à qui Dieu se fasse paraître par ces coups extraordinaires, qu'on doit bien profiter de ces occasions, puisqu'il ne sort du secret de la nature qui le couvre que pour exciter notre foi à le servir avec d'autant plus d'ardeur que nous le connaissons avec plus de certitude. Si Dieu se découvrait continuellement aux hommes, il n'y aurait point de mérite à le croire ; et s'il ne se découvrait jamais, il y aurait peu de foi. Mais il se cache ordinairement, et se découvre rarement à ceux qu'il veut engager dans son service. Cet étrange secret, dans lequel Dieu s'est retiré, impénétrable à la vue des hommes, est une grande leçon pour nous porter à la solitude loin de la vue des hommes. Il est demeuré caché, sous le

1. Cette sentence est datée du 22 octobre 1656.

voile de la nature qui nous le couvre, jusqu'à
l'Incarnation ; et quand il a fallu qu'il ait paru,
il s'est encore plus caché en se couvrant de l'humanité. Il était bien plus reconnaissable quand
il était invisible, que non pas quand il s'est rendu
visible. Et enfin, quand il a voulu accomplir la
promesse qu'il fit à ses apôtres de demeurer avec
les hommes jusqu'à son dernier avènement, il
a choisi d'y demeurer dans le plus étrange et le
plus obscur secret de tous, qui sont les espèces
de l'Eucharistie. C'est ce sacrement que saint
Jean appelle dans l'*Apocalypse* une manne ca-
chée[1] ; et je crois qu'Isaïe le voyait en cet état,
lorsqu'il dit en esprit de prophétie : « Véritablement tu es un Dieu caché[2]. » C'est là le dernier
secret où il peut être. Le voile de la nature qui
couvre Dieu a été pénétré par plusieurs infidèles,
qui, comme dit saint Paul[3], ont reconnu un
Dieu invisible par la nature visible. Les chrétiens hérétiques l'ont connu à travers son humanité, et adorent Jésus-Christ Dieu et homme.
Mais de le reconnaître sous des espèces de pain,
c'est le propre des seuls catholiques : il n'y a
que nous que Dieu éclaire jusque-là. On peut

1. Apoc. II, 17.
2. Isaïe, XLV, 15.
3. Ep. Rom. I, 18-20.

ajouter à ces considérations le secret de l'Esprit de Dieu caché encore dans l'Ecriture. Car il y a deux sens parfaits, le littéral et le mystique ; et les juifs s'arrêtant à l'un ne pensent pas seulement qu'il y en ait un autre, et ne songent pas à le chercher ; de même que les impies, voyant les effets naturels, les attribuent à la nature, sans penser qu'il y en ait un autre auteur ; et comme les juifs, voyant un homme parfait en Jésus-Christ, n'ont pas pensé à y chercher une autre nature : « Nous n'avons pas pensé que ce fût lui, » dit encore Isaïe [1] ; et de même enfin que les hérétiques, voyant les apparences parfaites du pain, ne pensent pas y chercher une autre substance. Toutes choses couvrent quelque mystère ; toutes choses sont des voiles qui couvrent Dieu. Les chrétiens doivent le reconnaître en tout. Les afflictions temporelles couvrent les biens éternels où elles conduisent. Les joies temporelles couvrent les maux éternels qu'elles causent. Prions Dieu de nous le faire reconnaître et servir en tout. Rendons-lui des grâces infinies de ce que, s'étant caché en toutes choses pour les autres, il s'est découvert en toutes choses et tant de manières pour nous...

1. Isaïe, LIII, 3.

XXVI

CINQUIÈME LETTRE DE BLAISE PASCAL
A Mlle DE ROUANNEZ

[Dimanche, 5 Novembre 1656.]

...Je ne sais comment vous aurez reçu la perte de vos lettres. Je voudrais bien que vous l'eussiez prise comme il faut. Il est temps de commencer à juger de ce qui est bon ou mauvais par la volonté de Dieu, qui ne peut être ni injuste ni aveugle, et non pas par la nôtre propre, qui est toujours pleine de malice et d'erreur. Si vous avez eu ces sentiments, j'en serai bien content, afin que vous vous en soyez consolée sur une raison plus solide que celle que j'ai à vous dire, qui est que j'espère qu'elles se retrouveront. On m'a déjà apporté celle du 5 ; et quoique ce ne soit pas la plus importante, car celle de M. du Gas [1] l'est davantage, néanmoins cela me fait espérer de ravoir l'autre.

Je ne sais pourquoi vous vous plaignez de ce que je n'avais rien écrit pour vous : je ne vous sépare point vous deux [2], et je songe sans cesse

1. Probablement pseudonyme de M. Singlin.
2. Mlle de Rouannez et le duc, son frère.

à l'un et à l'autre. Vous voyez bien que mes
autres lettres, et encore celle-ci, vous regardent
assez. En vérité, je ne puis m'empêcher de vous
dire que je voudrais être infaillible dans mes
jugements ; vous ne seriez pas mal si cela était,
car je suis bien content de vous, mais mon jugement n'est rien. Je dis cela sur la manière dont
je vois que vous parlez de ce bon cordelier persécuté, et de ce que fait le... Je ne suis pas surpris de voir M. N... s'y intéresser, je suis accoutumé à son zèle, mais le vôtre m'est tout à fait
nouveau ; c'est ce langage nouveau que produit
ordinairement le cœur nouveau. Jésus-Christ a
donné dans l'Evangile cette marque pour reconnaître ceux qui ont la foi, qui est qu'ils parleront
un langage nouveau [1], et en effet le renouvellement des pensées et des désirs cause celui des
discours.

Ce que vous dites des jours où vous vous êtes
trouvée seule, et la consolation que vous donne
la lecture, sont des choses que M. N... sera bien
aise de savoir quand je les lui ferai voir, et ma
sœur [2] aussi. Ce sont assurément des choses nouvelles, mais qu'il faut sans cesse renouveler, car

1. Marc, XVI, 17.
2. Jacqueline.

cette nouveauté, qui ne peut déplaire à Dieu, comme le vieil homme ne lui peut plaire, est différente des nouveautés de la terre, en ce que les choses du monde, quelque nouvelles qu'elles soient, vieillissent en durant, au lieu que cet esprit nouveau se renouvelle d'autant plus qu'il dure davantage.

Notre vieil homme périt, dit saint Paul [1], et se renouvelle de jour en jour, et ne sera parfaitement nouveau que dans l'éternité, où l'on chantera sans cesse ce cantique nouveau dont parle David dans les psaumes de Laudes [2], c'est-à-dire ce chant qui part de l'esprit nouveau de la charité.

Je vous dirai pour nouvelle de ce qui touche ces deux personnes [3], que je vois bien que leur zèle ne se refroidit pas : cela m'étonne, car il est bien plus rare de voir continuer dans la piété que d'y voir entrer. Je les ai toujours dans l'esprit, et principalement celle du miracle, parce qu'il y a quelque chose de plus extraordinaire,

1. Paul. Col. III, 9-10.
2. Ps. CXLIX, 1.
3. Probablement les deux destinataires de la lettre. Quelques lignes plus loin, Pascal fera allusion au fait que Mlle de Rouannez s'était convertie après avoir prié, à Port-Royal, devant la Sainte-Epine, dont l'attouchement avait guéri, le 24 mars précédent, la jeune Marguerite Perier.

quoique l'autre le soit aussi beaucoup et quasi
sans exemple. Il est certain que les grâces que
Dieu fait en cette vie sont la mesure de la
gloire qu'il prépare en l'autre. Aussi, quand je
prévois la fin et le couronnement de son ouvrage
par les commencements qui en paraissent dans
les personnes de piété, j'entre en une vénération
qui me transit de respect envers ceux qu'il
semble avoir choisis pour ses élus. Je vous avoue
qu'il me semble que je les vois dans un de ces
trônes où ceux qui auront tout quitté jugeront
le monde avec Jésus-Christ, selon la promesse
qu'il en a faite[1]. Mais quand je viens à penser
que ces mêmes personnes peuvent tomber, et
être au contraire au nombre malheureux des
jugés, et qu'il y en aura tant qui tomberont de
leur gloire, et qui laisseront prendre à d'autres,
par leur négligence, la couronne que Dieu leur
avait offerte, je ne puis souffrir cette pensée ; et
l'effroi que j'aurais de les voir en cet état éternel
de misère, après les avoir imaginés avec tant de
raison dans l'autre état, me fait détourner l'esprit de cette idée, et revenir à Dieu pour le
prier de ne pas abandonner les faibles créatures
qu'il s'est acquises, et lui dire pour les deux

1. Matth. XIX, 27-29.

personnes que vous savez ce que l'Eglise dit aujourd'hui avec saint Paul : « Seigneur, achevez vous-même l'ouvrage que vous-même avez commencé[1]. » Saint Paul se considérait souvent en ces deux états, et c'est ce qui lui fait dire ailleurs : « Je châtie mon corps, de peur que moi-même, qui convertis tant de peuples, je ne devienne réprouvé[2]. » Je finis donc par ces paroles de Job : « J'ai toujours craint le Seigneur comme les flots d'une mer furieuse et enflée pour m'engloutir[3]. » Et ailleurs : « Bienheureux est l'homme qui est toujours en crainte[4]. »

1. Paul. Philip. I, 6, formant un verset de l'épître du xxii⁰ dimanche après la Pentecôte, qui tombait le 5 novembre en 1656.
2. Paul. I Cor. IX, 27.
3. Job. XXXI, 23.
4. Ps. CXI, 1.

XXVII

SIXIÈME LETTRE DE BLAISE PASCAL
A Mlle DE ROUANNEZ [1]

...pour répondre à tous vos articles, et bien écrire malgré mon peu de temps.

Je suis ravi de ce que vous goûtez le livre de M. de Laval [2] et les *Méditations sur la grâce* [3] ; j'en tire de grandes conséquences pour ce que je souhaite.

Je mande le détail de cette condamnation qui vous avait effrayée [4] ; cela n'est rien du tout, Dieu merci, et c'est un miracle de ce qu'on n'y fait pas pis, puisque les ennemis de la vérité

1. La date de cette lettre est fort incertaine.

2. *Prières pour faire en commun le matin et le soir, dans une famille chrétienne, tirées des Prières de l'Eglise, avec un abrégé de la Vie chrétienne, et quelque Traité de Dévotion et de la Pénitence, composées par M. de Laval* (pseudonyme de Louis-Charles d'Albert, duc de Luynes).

3. Cet ouvrage n'a pu jusqu'ici être identifié.

4. M. A. Gazier, qui croit cette lettre écrite en septembre, pense que Pascal fait ici allusion au décret contre les écrits d'Arnauld, rendu à Rome le 3 août et connu en France le 25.

ont le pouvoir et la volonté de l'opprimer. Peut-
être êtes-vous de celles qui méritent que Dieu
ne l'abandonne pas et ne la retire pas de la
terre, qui s'en est rendue si indigne ; et il est
assuré que vous servez à l'Eglise par vos prières,
si l'Eglise vous a servi par les siennes. Car c'est
l'Eglise qui mérite, avec Jésus-Christ qui en est
inséparable, la conversion de tous ceux qui ne
sont pas dans la vérité ; et ce sont ensuite ces
personnes converties qui secourent la mère qui
les a délivrées. Je loue de tout mon cœur le
petit zèle que j'ai reconnu dans votre lettre pour
l'union avec le Pape. Le corps n'est non plus
vivant sans le chef, que le chef sans le corps.
Quiconque se sépare de l'un ou de l'autre n'est
plus du corps, et n'appartient plus à Jésus-
Christ. Je ne sais s'il y a des personnes dans
l'Eglise plus attachées à cette unité de corps que
le sont ceux que vous appelez nôtres. Nous savons que toutes les vertus, le martyre, les austé-
rités et toutes les bonnes œuvres sont inutiles
hors de l'Eglise, et de la communion du chef de
l'Eglise, qui est le Pape. Je ne me séparerai jamais de sa communion, au moins je prie Dieu
de m'en faire la grâce ; sans quoi je serais perdu
pour jamais. Je vous fais une espèce de profes-

sion de foi, et je ne sais pourquoi ; mais je ne l'effacerai pas ni ne recommencerai pas [1].

M. du Gas m'a parlé ce matin de votre lettre avec autant d'étonnement et de joie qu'on en peut avoir : il ne sait où vous avez pris ce qu'il m'a rapporté de vos paroles ; il m'en a dit des choses surprenantes et qui ne me surprennent plus tant. Je commence à m'accoutumer à vous et à la grâce que Dieu vous fait, et néanmoins je vous avoue qu'elle m'est toujours nouvelle, comme elle est toujours nouvelle en effet. Car c'est un flux continuel de grâce, que l'Ecriture compare à un fleuve et à la lumière que le soleil envoie incessamment hors de soi, et qui est toujours nouvelle, en sorte que, s'il cessait un instant d'en envoyer, toute celle qu'on aurait reçue disparaîtrait, et on resterait dans l'obscurité.

Il m'a dit qu'il avait commencé à vous répondre, et qu'il le transcrirait pour le rendre plus lisible, et qu'en même temps il l'étendrait.

1. Dans la dix-septième *Provinciale*, publiée le 23 janvier suivant, Pascal dira : Grâce à Dieu je n'ai d'attache sur la terre qu'à la seule Eglise Catholique, Apostolique et Romaine, dans laquelle je veux vivre et mourir, et dans la communion avec le Pape son souverain chef ; hors de laquelle je suis très persuadé qu'il n'y a point de salut. »

Mais il vient de me l'envoyer avec un petit
billet où il me mande qu'il n'a pu ni le trans-
crire, ni l'étendre ; cela me fait croire que cela
sera mal écrit. Je suis témoin de son peu de
loisir, et du désir qu'il avait d'en avoir pour
vous.

Je prends part à la joie que vous donnera l'affaire des... [1], car je vois bien que vous vous
intéressez pour l'Eglise ; vous lui êtes bien obli-

---

1. Allusion aux curés de Paris, qui, s'étant assemblés
le 26 octobre 1656, pour délibérer sur ce qui s'était passé
le 13, dans l'Assemblée du Clergé, rédigèrent deux requêtes, adressées aux grands-vicaires de Paris et à l'Assemblée, requêtes que leurs syndics présentèrent le len-
demain. Ils renouvelèrent en outre une démarche qu'ils
avaient déjà faite le 12 septembre auprès de tous les curés
de France, et arrêtèrent un *Second avis ou lettre de
Messieurs les Curés de Paris à Messieurs les Curés des
autres Diocèses de France*, et des *Extraits* tirés de deux
casuistes. Ils y joignirent un *Extrait du premier Tome
in-folio de la nouvelle Théologie d'Escobar et de quelques
autres Casuistes*. Ces documents furent remis le 24 novembre à l'Assemblée du Clergé, avec une *Remontrance
des Curés de Paris à l'Assemblée générale du Clergé*, en
*lui présentant la suite de l'Extrait de plusieurs mau-
vaises propositions des nouveaux Casuistes*. Toutes ces
pièces furent publiées presque aussitôt. L'Assemblée du
Clergé semblait disposée à intervenir. Le 17 novembre,
elle priait le Chancelier de s'opposer à la publication en
français d'Escobar et de quelques Casuistes. Nous résumons
ici l'exposé de M. Gazier (*Grands Ecrivains*, t. VI, p. 117
et 167).

gée. Il y a seize cents ans qu'elle gémit pour vous. Il est temps de gémir pour elle, et pour nous tout ensemble, et de lui donner tout ce qui nous reste de vie, puisque Jésus-Christ n'a pris la sienne que pour la perdre pour elle et pour nous...

XXVIII

Septième lettre de Blaise Pascal
a Mlle de Rouannez [1]

... Quoi qu'il puisse arriver de l'affaire de... [2],
il y en a assez, Dieu merci, de ce qui est déjà
fait pour en tirer un admirable avantage contre
ces maudites maximes. Il faut que ceux qui ont
quelque part à cela en rendent de grandes grâces
à Dieu, et que leurs parents et amis prient Dieu
pour eux, afin qu'ils ne tombent pas d'un si
grand bonheur et d'un si grand honneur que
Dieu leur a fait. Tous les honneurs du monde
n'en sont que l'image ; celui-là seul est solide et
réel, et néanmoins il est inutile sans la bonne
disposition du cœur. Car ce ne sont ni les aus-
térités ni les agitations de l'esprit, mais les
bons mouvements du cœur qui méritent, et qui
soutiennent les peines du corps et de l'esprit.
Car enfin il faut ces deux choses pour sanctifier : peines et plaisirs. Saint Paul a dit que
ceux qui entreront dans la bonne voie trouve-

1. La date de cette lettre est incertaine.
2. L'affaire des curés de Paris.

ront des peines et des inquiétudes en grand nombre [1]. Cela doit consoler ceux qui en sentent, puisque, étant avertis que le chemin du ciel qu'ils cherchent en est rempli, ils doivent se réjouir de rencontrer des marques qu'ils sont dans le véritable chemin. Mais ces peines-là ne sont pas sans plaisir, et ne sont jamais surmontées que par le plaisir. Car de même que ceux qui quittent Dieu pour retourner au monde ne le font que parce qu'ils trouvent plus de douceur dans les plaisirs de la terre que dans ceux de l'union avec Dieu, et que ce charme victorieux les entraîne, et, les faisant repentir de leur premier choix, les rend des pénitents du diable, selon la parole de Tertullien [2] : de même on ne quitterait jamais les plaisirs du monde pour embrasser la croix de Jésus-Christ, si on ne trouvait plus de douceur dans le mépris, dans la pauvreté, dans le dénuement et dans le rebut des hommes, que dans les délices du péché. Et ainsi, comme dit Tertullien [3], il ne faut pas croire que la vie des chrétiens soit une vie de tristesse. On ne quitte les plaisirs que pour

1. Act. X, 21.
2. De Pœnitentia, 5.
3. De Spectaculis, 29.

d'autres plus grands. « Priez toujours, dit saint
Paul, rendez grâces toujours, réjouissez-vous
toujours [1]. » C'est la joie d'avoir trouvé Dieu
qui est le principe de la tristesse de l'avoir offensé et de tout changement de vie. Celui qui
a trouvé le trésor dans un champ en a une telle
joie, que cette joie, selon Jésus-Christ, lui fait
vendre tout ce qu'il a pour l'acheter [2]. Les gens
du monde n'ont point cette joie « que le monde
ne peut ni donner ni ôter », dit Jésus-Christ
même [3]. Les bienheureux ont cette joie sans aucune tristesse ; les gens du monde ont leur tristesse dans cette joie, et les chrétiens ont cette
joie mêlée de la tristesse d'avoir suivi d'autres
plaisirs, et de la crainte de la perdre par l'at-
trait de ces autres plaisirs qui nous tentent sans
relâche. Et ainsi nous devons travailler sans
cesse à nous conserver cette joie qui modère
notre crainte, et à conserver cette crainte qui
conserve notre joie ; et selon qu'on se sent trop
emporter vers l'une, se pencher vers l'autre pour
demeurer debout. Souvenez-vous des biens dans
les jours d'affliction, et souvenez-vous de l'af-

1. I Thess. V, 16-18.
2. Matth. XIII, 44.
3. Joan. XIV, 27.

fliction dans les jours de réjouissance, dit l'Ecriture [1], jusqu'à ce que la promesse que Jésus-Christ nous a faite de rendre sa joie pleine en nous [2] soit accomplie. Ne nous laissons donc pas abattre à la tristesse, et ne croyons pas que la piété ne consiste qu'en une amertume sans consolation. La véritable piété, qui ne se trouve parfaite que dans le ciel, est si pleine de satisfactions qu'elle en remplit et l'entrée et le progrès et le couronnement. C'est une lumière si éclatante, qu'elle rejaillit sur tout ce qui lui appartient ; et s'il y a quelque tristesse mêlée, et surtout à l'entrée, c'est de nous qu'elle vient et non pas de la vertu ; car ce n'est pas l'effet de la piété qui commence d'être en nous, mais de l'impiété qui y est encore [3]. Otons l'impiété, et

1. Ecclesiastic. XI, 27.
2. Joan. XVI, 24.
3. Pascal reviendra sur ce point dans la neuvième lettre à Mlle de Rouannez, et, plus tard, dans les Pensées :

« Il est vrai qu'il y a de la peine en entrant dans la piété. Mais cette peine ne vient pas de la piété qui commence d'être en nous, mais de l'impiété qui y est encore. Si nos sens ne s'opposaient pas à la pénitence, et que notre corruption ne s'opposât pas à la pureté de Dieu, il n'y aurait en cela rien de pénible pour nous. Nous ne souffrons qu'à proportion que le vice, qui nous est naturel, résiste à la grâce surnaturelle. Notre cœur se sent déchiré entre ces efforts contraires. Mais il serait bien injuste d'imputer cette violence à Dieu qui nous attire, au lieu de la joie sera sans mélange. Ne nous en prenons donc pas à la dévotion, mais à nous-mêmes, et n'y cherchons du soulagement que par notre correction...

l'attribuer au monde qui nous retient. C'est comme un enfant, que sa mère arrache d'entre les bras des voleurs, doit aimer, dans la peine qu'il souffre, la violence amoureuse et légitime de celle qui procure sa liberté, et ne détester que la violence impérieuse et tyrannique de ceux qui la retiennent injustement. La plus cruelle guerre que Dieu puisse faire aux hommes en cette vie est de les laisser sans cette guerre qu'il est venu apporter : « Je suis venu apporter la guerre », dit-il ; et, pour instruire de cette guerre : « Je suis venu apporter le fer et le feu. Avant lui, le monde vivait dans une fausse paix. »

XXIX

HUITIÈME LETTRE DE BLAISE PASCAL
A Mlle DE ROUANNEZ [1]

...Je suis bien aise de l'espérance que vous me donnez du bon succès de l'affaire dont vous craignez de la vanité. Il y a à craindre partout, car si elle ne réussissait pas, j'en craindrais cette mauvaise tristesse dont saint Paul dit qu'elle donne la mort [2], au lieu qu'il y en a une autre qui donne la vie. Il est certain que cette affaire-là était épineuse, et que si la personne en sort, il y a sujet d'en prendre quelque vanité ; si ce n'est à cause qu'on a prié Dieu pour cela, et qu'ainsi il doit croire que le bien qui en viendra sera son ouvrage. Mais si elle réussissait mal, il ne devrait pas en tomber dans l'abattement, par cette même raison qu'on a prié Dieu pour cela, et qu'il y a apparence qu'il s'est approprié cette affaire : aussi il le faut regarder comme l'auteur

1. La date de cette lettre ne peut être précisée. De son texte résulte seulement qu'elle est postérieure à la septième lettre.

2. II Cor. VII, 10.

de tous les biens et de tous les maux, excepté
le péché. Je lui répéterai là-dessus ce que j'ai
autrefois rapporté de l'Ecriture [1] : « Quand vous
êtes dans les biens, souvenez-vous des maux que
vous méritez, et quand vous êtes dans les maux,
souvenez-vous des biens que vous espérez. » Cependant je vous dirai sur le sujet de l'autre
personne que vous savez, qui mande qu'elle a
bien des choses dans l'esprit qui l'embarrassent,
que je suis bien fâché de la voir en cet état. J'ai
bien de la douleur de ses peines, et je voudrais
bien l'en pouvoir soulager ; je la prie de ne
point prévenir l'avenir, et de se souvenir que,
comme dit Notre Seigneur [2], « à chaque jour
suffit sa malice ».

Le passé ne nous doit point embarrasser,
puisque nous n'avons qu'à avoir regret de nos
fautes. Mais l'avenir nous doit encore moins
toucher, puisqu'il n'est point du tout à notre
égard, et que nous n'y arriverons peut-être jamais. Le présent est le seul temps qui est véritablement à nous, et dont nous devons user selon
Dieu. C'est là où nos pensées doivent être principalement comptées. Cependant le monde est si

1. Dans la lettre précédente.
2. Matth. VI, 34.

inquiet, qu'on ne pense presque jamais à la vie présente et à l'instant où l'on vit ; mais à celui où l'on vivra. De sorte qu'on est toujours en état de vivre à l'avenir, et jamais de vivre maintenant [1]. Notre Seigneur n'a pas voulu que notre prévoyance s'étendît plus loin que le jour où nous sommes. C'est les bornes qu'il faut garder, et pour notre salut, et pour notre propre repos. Car en vérité les préceptes chrétiens sont les plus pleins de consolations ; je dis plus que les maximes du monde.

Je prévois aussi bien des peines et pour cette personne, et pour d'autres, et pour moi. Mais je prie Dieu, lorsque je sens que je m'engage dans ces prévoyances, de me renfermer dans mes limites ; je me ramasse dans moi-même, et je

---

[1]. Pascal écrira plus tard dans les *Pensées* : « Nous ne nous tenons jamais au temps présent. Nous anticipons l'avenir comme trop long à venir, comme pour hâter son cours ; ou nous rappelons le passé, pour l'arrêter comme trop prompt : si imprudents, que nous errons dans les temps qui ne sont pas nôtres, et ne pensons point au seul qui nous appartient ; et si vains que nous songeons à celui qui n'est plus rien, et échappons sans réflexion le seul qui subsiste. C'est que le présent, d'ordinaire, nous blesse. Nous le cachons à notre vue, parce qu'il nous afflige ; et s'il nous est agréable, nous regrettons de le voir échapper. Nous tâchons de le soutenir par l'avenir, et pensons à disposer les choses qui ne sont pas en notre puissance, pour un temps où nous n'avons aucune assurance d'arriver... »

trouve que je manque à faire plusieurs choses à quoi je suis obligé présentement, pour me dissiper en des pensées inutiles de l'avenir, auxquelles, bien loin d'être obligé de m'arrêter, je suis au contraire obligé de ne m'y point arrêter. Ce n'est que faute de savoir bien connaître et étudier le présent qu'on fait l'entendu pour étudier l'avenir. Ce que je dis là, je le dis pour moi, et non pas pour cette personne, qui a assurément bien plus de vertu et de méditation que moi ; mais je lui représente mon défaut pour l'empêcher d'y tomber : on se corrige quelquefois mieux par la vue du mal que par l'exemple du bien ; et il est bon de s'accoutumer à profiter du mal, puisqu'il est si ordinaire, au lieu que le bien est si rare...

XXX

Neuvième lettre de Blaise Pascal
a Mlle de Rouannez

[17 Décembre 1656.]

...Je plains la personne que vous savez dans l'inquiétude où je sais qu'elle est, et où je ne m'étonne pas de la voir. C'est un petit jour du jugement, qui ne peut arriver sans une émotion universelle de la personne, comme le jugement général en causera une générale dans le monde, excepté ceux qui se seront déjà jugés eux-mêmes, comme elle prétend faire : cette peine temporelle garantirait de l'éternelle, par les mérites infinis de Jésus-Christ, qui la souffre et qui se la rend propre ; c'est ce qui doit la consoler. Notre joug est aussi le sien, sans cela il serait insupportable. « Portez, dit-il, mon joug sur vous[1]. » Ce n'est pas notre joug, c'est le sien, et aussi il le porte. « Sachez, dit-il, que mon joug est doux et léger. » Il n'est léger qu'à lui et à sa force divine. Je lui voudrais dire qu'elle se souvienne que ces inquiétudes ne viennent pas du

1. Matth. XI, 29-30.

bien qui commence d'être en elle, mais du mal
qui y est encore et qu'il faut diminuer continuellement ; et qu'il faut qu'elle fasse comme
un enfant qui est tiré par des voleurs d'entre les
bras de sa mère, qui ne le veut point abandonner ; car il ne doit pas accuser de la violence qu'il
souffre la mère qui le retient amoureusement,
mais ses injustes ravisseurs. Tout l'Office de
l'Avent est bien propre pour donner courage
aux faibles, et on y dit souvent ce mot de l'Ecriture : « Prenez courage, lâches et pusillanimes,
voici votre Rédempteur qui vient ; » et on dit
aujourd'hui à Vêpres : « Prenez de nouvelles
forces, et bannissez désormais toute crainte ;
voici notre Dieu qui arrive, et vient pour nous
secourir et nous sauver [1] »...

1. Le verset d'Isaïe (XXXV, 4) que Pascal traduit ainsi
se trouve en réalité dans la Communion chantée à la
Messe (et non aux Vêpres) du 3ᵉ dimanche de l'Avent,
qui tombait le 17 décembre en 1656.

XXXI

Résumé d'une lettre adressée
par Blaise Pascal au P. Lalouère
le 4 septembre 1658 [1]

Quartâ septembris proximè lapsi die, primas
ad me dedit literas D. Pascal, ut me doceret
quas ego edideram viginti propositiones de cycloide non attigisse problematum ab Anonymo
propositorum difficillima ; et quæ ego ex illis
solvissem, si comparentur ad solidum circa axem
cycloideos magnæ vel parvæ, esse ut elementa
Euclidis collata cum Archimedeis operibus.

1. En 1658, Pascal ayant résolu le problème de la roulette (ou de la cycloïde), jadis proposé par le P. Mersenne,
le duc de Rouannez lui suggéra de le proposer publiquement, par manière de défi, afin de montrer aux athées
qu'il en savait plus qu'eux en tout ce qui est sujet à démonstration. Le concours fut ouvert en juin 1658, Pascal
se cachant sous l'anonymat d'Amos Dettonville, ana-
gramme de Louis de Montalte. Deux concurrents se présentèrent : le P. Lalouère, de la Compagnie de Jésus, et le
géomètre anglais Wallis. Le P. Lalouère, né en 1600, dans
le diocèse de Rieux (Languedoc), professait les mathématiques à Toulouse. Le résumé qu'on va lire a été donné
par Lalouère même en 1660, dans son ouvrage *De Cycloide*,
p. 3o.

Præterea, tam longè adhuc distare inventionem solidorum istorum circa axem genitorum ab inventione centri gravitatis solidorum proposita, quam procul remoti sunt ejusdem Euclidis libri de inventis Lucæ Valerii aut Archimedis. Ut autem intra inventorum infimum gradum potentius me cohiberet, subjecit in infimo illo loco esse quadraturam cyclocylindricæ, quam ego tamen in literis ad D. Carcavi tantopere extollo, eamque jam repertam esse etiam à me ipso quamvis insciente ; conscius enim mihi eram istius inventi : ostendit autem à me inventam esse quod cycloideos parvæ quadraturam dederim in duodecima primi libri jam tunc editi *(propositione)* ; illa autem cyclocylindrica expansa, quando describitur intervallo diametri baseos cylindricæ, sit ipsa (quod demonstrare, inquit, paratus sum, si opus fuerit) cycloidea parva.

Laloubre ajoute : Ita sincerè narravi ut constet quid me doceri de cyclocylindrica figura curavit Anonymus ; at certè nihil ; expectabam tamen quadraturam cyclocylindricæ cujuslibet, quam eruditâ ista ætate dignam existimabam tunc et etiam nunc existimo.

XXXII

DE BLAISE PASCAL AU P. LALOUÈRE [1]

[11 Septembre 1658.]

Mon Révérend Père,

Je voudrais que vous vissiez la joie que votre dernière lettre me donne, où vous dites que vous avez trouvé la dimension du solide sur l'axe tant de la cycloïde que de son segment. Je vous supplie de croire qu'il n'y a personne qui publie plus hautement les mérites des personnes que moi ; mais il faut, à la vérité, qu'il y ait sujet de le faire ; c'est une chose rare, et surtout en ceux qui font profession des sciences, que d'avoir cette sincérité dont je me vante, et que je ferai bien paraître à votre sujet, car je vous assure que j'ai autant de joie de publier que vous avez résolu les plus difficiles problèmes de la géométrie, que j'avais de regret en disant que ceux que vous avez résolus étaient peu auprès

1. Les fragments XXXII et XXXIII ont été publiés pour la première fois par le P. Colombier dans la *Revue des Questions scientifiques*, Bruxelles, 1879.

de ceux-là. Il est certain, mon Père, que c'est un grand problème, et je souhaiterais fort de savoir par où vous y êtes arrivé ; car enfin M. de Roberval, qui est assurément fort habile, a été six ans à le trouver, et vous avez la solution générale, dont sa méthode ne donne qu'un cas, qui est celui de la cycloïde entière...

XXXIII

DE BLAISE PASCAL AU P. LALOUÈRE

[18 Septembre 1658.]

Mon très Révérend Père,

Je ne puis vous témoigner combien nous avons d'impatience de voir le biais où vous vous êtes pris à trouver les solides de la cycloïde sur l'axe. J'avais eu tort de craindre qu'il y eût erreur à votre calcul. Il n'y en a point. Je l'ai vérifié... Pour revenir à vous, mon Révérend Père, je ne serai point en repos que vous ne m'ayez fait la grâce de me mander par où vous êtes venu à ces solides de la cycloïde. J'en ai une grande curiosité [1]...

---

1. Le P. Lalouère ne crut point devoir produire sa méthode. Enfin, après une âpre polémique avec Pascal, il fit paraître en 1660 la *Veterum geometria promota in septem de Cycloide libris et in duabus adjectis appendicibus*, qui contient, au jugement de M. Pierre Boutroux, nombre de propositions intéressantes et nouvelles, en dépit de démonstrations compliquées et rébarbatives.

XXXIV

De Blaise Pascal a Wren [1]

[13 Septembre 1658.]

Absentia communis amici nostri D. de Carcavi qui tuas ad me misit Epistolas causa est cur
non ille, sed ego, quamvis ignotus, audeam res-
pondere...

...Unum tibi dicere habeo, scilicet hic receptas
esse ab eximio ex vestris Geometra epistolas in
quibus omnium quæ de Cycloide problematum
sunt proposita solutionem tradit. Et ipsi suum
ordinem religiose servandum ab illo die, scilicet
quo recepta fuerunt, nempe à decimo die hujus
mensis stilo novo. Sic enim habetur intentio
Anonymi proponentis ut, qua die D. de Carcavi excipit solutionem alicujus, eo die ordo ejus
sumatur. Et quidem conformius fuisset Anonymi ipsius intentioni ut per Notarios Parisienses attestatio facta fuisset quam per Oxonienses. Parisienses enim fidem facerent recep-

1. Le fragment suivant a été publié en 1659 par Wallis,
dans son *Tractatus de Cycloide*. Sir Christophe Wien
(1632-1723) était alors professeur au *Gresham College* de
Londres.

tionis D. de Carcavi, unde ordo sumitur ; Oxonienses vero nihil ad hoc facere possunt... Qui publico instrumento ante præstitutum tempus illustrissimo D. de Carcavi significaverit [1], id est, per Notarios Parisienses, per extraneos enim nihil significari potest D. de Carcavi ; et in hoc est aliquantulum plus gratiæ in Gallos quam in alios Geometras ; sic autem voluit Anonymus, suæ legis dominus ; itaque, quicquid ante Calendas Octob. ad D. de Carcavi mittetur, ordinem obtinebit ; quod autem postea, non recipietur, quamvis probaretur actum fuisse ante Calendas Octobris ; significatio enim facta ad D. de Carcavi, seu ejus receptio, sola valet ad ordinem præmii. Et si quis è regione magis remota jam mittat solutionem actam ante 29 Augusti (qua die acta est solutio vestri dicti Geometræ), ipsa, quamvis prior, posterior habebitur, utpote posterius recepta.

1. Pascal cite ici en marge les termes de sa première lettre circulaire relative à la cycloïde, à laquelle il se réfère.

XXXV

De Blaise Pascal a Huygens [1]

De Paris, le 6 Janvier 1659.

Monsieur,

J'ai reçu le présent que vous m'avez fait
l'honneur de m'envoyer [2], et qui m'a été rendu
par un gentilhomme français qui m'a fait le
récit de la manière la plus obligeante et la plus
civile du monde dont vous l'aviez reçu chez
vous. Il m'a dit même qu'il n'était point connu
de vous, et que c'était sur moi que toute cette
obligation retombait. Je vous assure, Monsieur,
que j'en ai eu une surprise et une joie extrême,
car je ne pensais pas seulement que mon nom
fût venu jusqu'à vous, et j'aurais borné mon
ambition à avoir une place dans votre mémoire.
Cependant on me veut faire croire que j'en ai

1. Cette lettre a été publiée dans la grande édition des
Œuvres de Huygens donnée par la *Société hollandaise des
Sciences*, tome II (1889), p. 309. L'original existe à la
bibliothèque de Leyde. Christian Huygens, physicien, géomètre et astronome hollandais (1629-1695).
2. L'ouvrage : *Christiani Hugenii à Zulichem Const. F.
Horologium*, La Haye, 1658.

même dans votre estime. Je n'ose le croire, et je n'ai rien qui le vaille, mais j'espère que vous m'en accorderez dans votre amitié, puisqu'il est certain que, si on peut la mériter par l'estime et le respect qu'on a pour vous, je la mérite autant qu'homme du monde. Je suis rempli de ces sentiments-là pour vous, et votre dernière production n'a pas peu ajouté aux autres. Elle est en vérité digne de vous, et au-dessus de toute autre. J'en ai été un des premiers admirateurs. Et j'ai cru qu'on en verrait de grandes suites. Je voudrais bien avoir de quoi vous rendre. Mais j'en suis bien incapable. Tout ce que je puis est de vous envoyer autant qu'il vous plaira d'exemplaires du Traité de la Roulette, où [1] l'anonyme a résolu les problèmes qu'il avait lui-même proposés. Je ne vous en mets ici que quelques avant-coureurs [2], car le paquet serait trop gros pour la poste. Je m'informerai de nos libraires de la voie qu'il faut tenir pour en envoyer commodément. Ne croyez pas, Monsieur, que je prétende par là m'acquitter de ce que je vous dois ; ce n'est au contraire que pour vous témoigner que

1. Pascal avait écrit : *j'ai* ; puis, s'apercevant qu'il allait trahir son anonymat, il a rayé ces deux mots.
2. Les premières pages.

je ne le puis faire, et que c'est véritablement
de tout mon cœur que je ressens la grâce que
vous m'avez faite en la personne de ce gentilhomme. Car, encore qu'il vaille bien mieux que
moi, néanmoins, comme vous ne le connaissiez
pas, je me charge de tout, et vous vous êtes acquis par là l'un et l'autre. Assurez-vous-en pleinement, et que je serai toute ma vie,

Monsieur,

Votre très humble et très obéissant serviteur,

PASCAL.

XXXVI

De Huygens à Blaise Pascal [1]

A Monsieur Pascal, sieur d'Ettonville *(sic)*,

le 5 Février 1659.

Monsieur,

Le gentilhomme inconnu ne vous peut avoir fait entendre que la moindre partie de l'estime que j'ai pour vous ; et, si vous n'en croyez pas beaucoup davantage, vous ne saurez non plus combien j'ai eu de joie en recevant celle que vous m'avez fait l'honneur de m'écrire. Ne la pouvant exprimer dignement, je vous dirai seulement que je me crois bien plus heureux qu'auparavant je n'étais, après avoir reçu les offres de votre amitié, et que je répute cette acquisition pour la plus insigne que j'aie à faire jamais. Je suis si loin de croire de l'avoir méritée par le peu d'accueil que j'ai fait à cet excellent homme, qu'au contraire je sais bien qu'il faut que j'en demande pardon, ne l'ayant pas reçu, ni selon sa condition, ni même selon que

1. Publiée dans la grande édition des Œuvres de Huygens, t. II (1889), p. 340.

méritaient celles de ses qualités qu'il n'a pu me celer. Je le prierai de ne s'en souvenir point, et vous, Monsieur, de croire qu'à l'avenir je tâcherai de m'acquitter mieux envers ceux qui m'apporteront de vos nouvelles. J'ai été bien aise de voir que mon invention des horloges est dans votre approbation, quoique les éloges qu'il vous a plu lui donner sont beaucoup au-dessus de ce qu'elle mérite. Il y a beaucoup de hasard à rencontrer des inventions semblables, et fort peu de science ou de subtilité ; aussi ne sont-elles propres que pour acquérir du crédit aux mathématiques parmi le commun des hommes, au lieu que de telles comme vous nous allez produire seront suivies avec raison de l'admiration et de l'étonnement des plus savants. Je ne suis pas de ce nombre ; mais j'ai un désir incroyable de voir la suite de cette admirable lettre dont vous m'avez fait la faveur de m'envoyer le commencement, et d'autant plus que ce commencement me fait espérer que nous verrons les choses les plus sublimes traitées avec toute la clarté et évidence possible. Vous ne devez donc pas craindre de grossir vos paquets de ces feuilles si précieuses, mais croire au contraire que vous m'obligerez de le faire le plus tôt que vous pourrez. J'ai essayé quelques-uns de vos problèmes, mais sans prétendre aux prix, et je me crois heureux de n'avoir entrepris la solution des plus difficiles, parce que, tant de personnes plus intelligentes que moi n'en ayant pu venir à bout, cela me fait conclure que ma peine aussi bien que la leur aurait été perdue. Même dans ce que je crus avoir trouvé j'ai commis une erreur insigne, de laquelle je ne me suis aperçu que depuis avoir vu que mon calcul ne répondait pas au-vôtre. Je parle de la proportion que vous avez trouvée de 7 fois le diamètre à 6 fois la circonférence, qui est vraie, et non pas la mienne, que je crois que vous aurez vue dans la lettre que j'ai envoyée à Monsieur de Carcavi. Vous jugerez bien pourtant que je ne me suis abusé qu'au calcul, et non pas dans la méthode, laquelle je connais assurément être sans faute, puisqu'elle confirme votre proposition susdite. Et je pourrais par là même trouver encore le centre de gravité de la moitié du solide que fait le double espace B C G dans votre figure [1] à l'entour de sa base, mais non pas aux autres cas, faute de savoir le centre de gravité de cer-

1. La première figure de la première lettre circulaire relative à la cycloïde.

taines pièces de cylindre. J'ai prié Monsieur de Carcavi de vous communiquer aussi ce que j'y avais ajouté dans ladite lettre touchant les superficies des conoïdes et sphéroïdes, et de la longueur de la ligne parabolique ; et peu de temps après avoir envoyé cette lettre, j'ai encore trouvé le centre de gravité de la ligne cycloïde et des parties coupées par une parallèle à la base, qui ont cette propriété étrange, que leur centre de gravité divise leur axe toujours en la raison de 1 à 2, comme vous savez, Monsieur. Mais vous saurez aussi que je ne vous parle de ces choses que pour vous faire voir l'inclination que je garde toujours pour la science en laquelle vous excellez si fort, afin que vous m'en estimiez d'autant plus digne de profiter de votre instruction. Je souhaite que ce puisse être bientôt, et il me tarde fort de pouvoir joindre la qualité de votre disciple à celle de

    Monsieur,

        votre, etc.

XXXVII

DE BLAISE PASCAL A CARCAVI [1]

[Février 1659.]

J'ai vu la lettre de Monsieur Huygens et je vous y répondrai article par article.

Je suis bien fâché que nous n'ayons point eu de connaissance de la lettre qu'il avait écrite à Monsieur Boulliau et des belles choses qu'il lui avait mandées et qui auraient bien embelli l'histoire de la roulette, mais elles pourront trouver leur place ailleurs.

Le centre de gravité qu'il y donne du demi-solide de la roulette entière tourné autour de la base n'est pas des problèmes proposés par l'anonyme, qui avait proposé seulement celui de la demi-roulette et de ses parties, tournées autour de la base, ou de l'axe. Or, qui a le centre de gravité de ces solides-là, a aussi ceux de la roulette entière. Mais quand on les a dans ceux de la roulette entière, on ne les a pas pour cela

1. Publiée dans la grande édition des Œuvres de Huygens, t. II (1889), p. 348.

dans ceux de la demi-roulette, car on n'a
qu'une des deux mesures nécessaires, et c'est
celle qui est la plus facile à trouver.

C'est aussi précisément ce que Monsieur de
Roberval en avait trouvé, car il y a plus de deux
mois qu'il donna cette mesure, c'est-à-dire le
centre de gravité du demi-solide de la roulette
entière, mais non pas de celui de la demi-roulette, qui était un des cas proposés par l'anonyme.

Je vous dirai néanmoins que le calcul de
Monsieur Huygens n'est pas juste, mais je m'assure que ce n'est qu'erreur de calcul ; il faudrait
au lieu de $^{133}/_{216}$ comme il l'a mis, mettre $^{126}/_{216}$
ou, pour mettre un moindre nombre en divisant
le tout par 18, mettre $^{7}/_{12}$.

Pour ces autres problèmes touchant la dimension des surfaces des conoïdes, je les admire au
delà de tout ce que je puis vous dire ; ce sont
certainement d'admirablement belles choses.

Monsieur Dettonville en a fait le même jugement, et comme il avait déjà médité sur la
dimension des surfaces, il a pensé à celle du conoïde parabolique, et voici comme il en a fait
l'analyse :

Résolution ou analyse de la proposition
de Monsieur Huygens

Soit une parabole donnée *b* I C, dont *b* C soit
la base, *a* I l'axe.

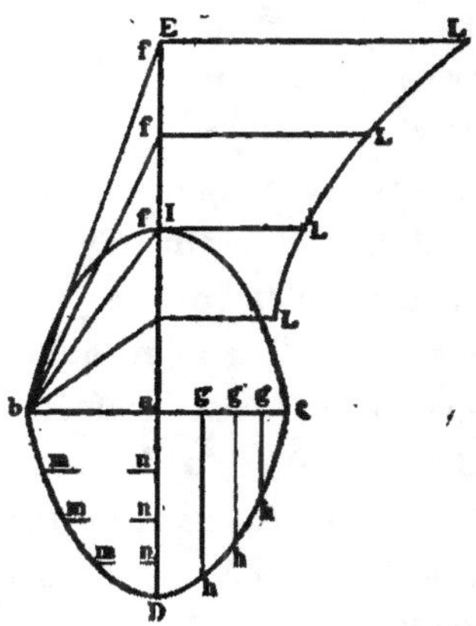

Il faut trouver la dimension de la surface du
conoïde décrit par la ligne parabolique tournant
autour de l'axe *a* I.

Soit une parabole pareille *b* D C sur la même
base et de l'autre part pour ne point brouiller la
figure, ayant le même axe *a* D qui est *a* I pro-
longée.

Il est démontré dans le traité des trilignes que,
pour trouver la dimension de la surface décrite

par la ligne courbe $b\,m\,$D tournée autour de
$a\,$D, il suffit de connaître la somme des sinus
sur $a\,$D ; c'est-à-dire en divisant la ligne $b\,$D en
parties égales et indéfinies aux points m, et menant les perpendiculaires $m\,n$.

Il a été aussi démontré dans le même traité
que, pour connaître la somme de ces sinus $m\,n$,
il suffit (en divisant $a\,$C en parties indéfinies et
égales aux petits arcs égaux $m\,m$ et menant
les perpendiculaires $g\,h$ jusqu'à la courbe) de
connaître la somme des courbes C h.

Or Monsieur Auzoult a démontré que la ligne
courbe entière C h D est représentée par la
somme des droites [1] $b\,f$ (en divisant $a\,$E, double
de $a\,$I, en un nombre indéfini de parties égales),
ou à la somme de perpendiculaires $f\,$L, qui sont
égales aux droites $b\,f$, et lesquelles $f\,$L forment
le dehors d'une hyperbole.

Et de même chaque portion D h sera représentée par la somme des droites $b\,f$ ou $f\,$L comprises entre le point I et chacune des droites $f\,$L,
c'est-à-dire que chaque D h sera représenté par
chaque espace I f L L. Et partant chaque por-

1. M. Pierre Boutroux a relevé ici une confusion dans
la copie sur laquelle notre texte repose. Voir sa note dans
l'édition des *Grands Ecrivains*, t. IX, p. 185.

tion C *h* sera représentée par chaque espace
E *f* L L.

Donc la somme des C *h* est représentée par la
somme des espaces E *f* L L, c'est-à-dire par la
somme triangulaire des droites *f* L à commencer du côté de I (comme il a été montré dans la
lettre à Monsieur de Carcavi imprimée avec le
traité de la roulette). c'est-à-dire à la somme
des rectangles I *f* en *f* L.

Or la somme de ces rectangles est donnée,
puisque le solide de l'hyperbole tourné autour
de l'axe est donné. Donc la somme des arcs C *h*
est donnée. Et partant aussi la dimension de la
surface du conoïde parabolique.

Je ne vous envoie pas cela pour prétendre aucune part à cette admirable invention, car je
sais trop combien c'est peu de chose de démontrer ce qu'un autre a énoncé, outre que cette
analyse ne s'étend pas aux conoïdes hyperbo-
liques ni aux sphéroïdes, où la chose me paraît
bien difficile ; ainsi je n'y penserai pas seulement, car je suis persuadé qu'il y a plutôt du
blâme que de l'honneur a acquérir en travaillant sur les ouvrages d'autrui, et principalement
quand ils sont traités par des personnes excel-
lentes comme Monsieur Huygens.

XXXVIII

Du Chevalier de Meré à Blaise Pascal [1]

A Monsieur Pascal,

Vous souvenez-vous de m'avoir dit, une fois, que vous n'étiez plus si persuadé de l'excellence des mathématiques ? Vous m'écrivez à cette heure que je vous en ai tout à fait désabusé, et que je vous ai découvert des choses que vous n'eussiez jamais vues si vous ne m'aviez connu. Je ne sais pourtant, Monsieur, si vous m'êtes si obligé que vous pensez. Il vous reste encore une habitude que vous avez prise en cette science à ne juger de quoi que ce soit que par vos démonstrations, qui le plus souvent sont fausses. Ces longs raisonnements tirés de ligne en ligne vous empêchent d'entrer d'abord en des connaissances plus hautes qui ne trompent jamais. Je vous avertis aussi que vous perdez par là un

1. Publiée en 1689 dans les *Lettres du Chevalier de Meré*. M. Gazier rapporte cette lettre à la période comprise entre l'été 1658 et le printemps 1659. Il y est fait allusion en tout cas, au traité de Huygens *De ratiociniis in ludo aleæ*, qui fut publié en 1657. Le lecteur doit avoir présentes à l'esprit les réflexions de Pascal sur *l'esprit géométrique*, qui sont sans doute de la même époque.

grand avantage dans le monde, car lorsqu'on a l'esprit vif et les yeux fins, on remarque à la mine et à l'air des personnes qu'on voit quantité de choses qui peuvent beaucoup servir, et si vous demandiez selon votre coutume à celui qui sait profiter de ces sortes d'observations sur quel principe elles sont fondées, peut-être vous dirait-il qu'il n'en sait rien, et que ce ne sont des preuves que pour lui. Vous croyez d'ailleurs que, pour avoir l'esprit juste et ne pas faire un faux raisonnement, il vous suffit de suivre vos figures sans vous en éloigner, et je vous jure que ce n'est presque rien, non plus que cet art de raisonner par les règles, dont les petits esprits et les demi-savants font tant de cas. Le plus difficile et le plus nécessaire pour cela dépend de pénétrer en quoi consistent les choses qui se présentent, soit qu'on veuille les opposer, ou les comparer, ou les assembler, ou les séparer, et dans le discours en tirer des conséquences bien justes. Vos nombres ni ce raisonnement artificiel ne font pas connaître ce que les choses sont : il faut les étudier par une autre voie, mais vous demeurerez toujours dans les erreurs où les fausses démonstrations de la géométrie vous ont jeté, et je ne vous croirai point tout à fait guéri des mathématiques tant que vous soutiendrez que ces petits corps dont nous disputâmes l'autre jour se peuvent diviser jusqu'à l'infini.

Ce que vous m'en écrivez me paraît encore plus éloigné du bon sens que tout ce que vous m'en dites dans notre dispute. Et que prétendez-vous conclure de cette ligne que vous coupez en deux également, de cette ligne chimérique dont vous coupez encore une des moitiés, et toujours de même jusqu'à l'éternité ; mais qui vous a dit que vous pouvez ainsi diviser cette ligne, si ce qui la compose est inégal comme un nombre impair ? Je vous apprends que, dès qu'il entre tant soit peu d'infini dans une question, elle devient inexplicable, parce que l'esprit se trouble et se confond. De sorte qu'on en trouve mieux la vérité par le sentiment naturel que par vos démonstrations. Vous m'alléguez qu'on ne se peut figurer un corps si petit qu'on ne lui donne une circonférence, un côté droit, un côté gauche, un dans le haut, l'autre dans le bas, et qu'ainsi on le voit toujours divisible. Que voulez-vous conclure par là ? Mais que dites-vous du globe, quand il tourne sur son centre qui demeure immobile ? Est-ce quelque chose que ce centre, ou rien du tout ? Si ce n'est rien,

seulement comme celui-ci, mais encore tous
ceux qu'Epicure a songés. Pouvez-vous comprendre dans un si petit espace la différence
des grandeurs, celle des mouvements et des dis-
tances ? de combien le soleil est plus grand que
ce petit animal qui luit quelquefois dans la nuit,
et de combien la vive clarté de ce grand astre
surmonte cette faible lueur ? Pouvez-vous concevoir en ce petit espace de combien le soleil va
plus vite que Saturne, ou si le soleil est immobile, comme quelques-uns en sont persuadés ?
Pourriez-vous supputer, ni vous, ni Archimède,
en un lieu si serré, de combien le mouvement
du boulet qui sort du canon surpasse l'allure
d'une tortue ? Trouverez-vous dans un coin si
étroit les justes proportions des éloignements,
de combien les étoiles sont au-dessus de la terre
au prix de la lune ? Mais, sans aller si loin, vous
pouvez-vous figurer, dans ce petit monde de
votre façon, la surface de la terre et de la mer,
tant de profonds abîmes dans l'une et dans
l'autre, tant de montagnes, tant de vallons, tant
de fontaines, de ruisseaux et de fleuves, tant de
campagnes cultivécs, tant de moissons qui se
recueillent, tant de forêts dont les unes sont
debout et les autres coupées, tant de villes, tant

d'ouvriers dont les uns bâtissent, les autres démolissent ; et quelques-uns font des lunettes d'approche qui ne laissent pas de servir parmi ces petits hommes, parce que leurs yeux et tous leurs sens sont proportionnés à ce petit monde ? Quoi donc tous ces voyages de long cours, ces grands et ces petits vaisseaux qui font le tour du monde, et dont les uns sont si bons voiliers qu'ils ne craignent point les corsaires ; ce grand nombre de combats sur la terre et sur la mer ; la bataille d'Arbelles, où le roi de Perse fut vaincu au milieu de deux cent mille chevaux et de huit cent mille hommes de pied, sans compter tant de chariots armés. Considérez aussi la bataille de Pharsale, où César mit Pompée en fuite, et celle qu'Auguste donna sur la mer, où tant de vaisseaux furent brûlés et toutes les forces du Levant dissipées. La bataille de Lépante me semble encore plus considérable en ce petit monde, à cause du grand bruit de l'artillerie ; et cet épouvantable combat des souris et des grenouilles, qu'Homère a chanté d'un si haut ton. En vérité, Monsieur, je ne crois pas qu'en votre petit monde on pût ranger dans une juste proportion tout ce qui se passe en celui-ci, et dans un ordre si réglé et sans embarras ; surtout en des villes si serrées l'on devrait bien craindre, pour le danger des embrasements, de faire des feux de joie, et de fondre des canons et des cloches. Pensez aussi qu'en cet univers de si peu d'étendue il se trouverait des géomètres de votre sentiment qui feraient un monde aussi petit au prix du leur, que l'est celui que vous formez en comparaison du nôtre, et que ces diminutions n'auraient point de fin. Je vous en laisse tirer la conséquence. Nous ignorons plusieurs choses dont nous ne pouvons parler que douteusement, comme nous en connaissons beaucoup d'autres que nous pouvons décider ; et parmi les personnes qu'on pratique, je ne trouve pas moins incommode de ne pas dire ce qu'on sait que d'affirmer ce qu'on ne sait point. Doutons si la lune cause le flux et le reflux de l'océan ; si c'est la terre ou le ciel qui tourne, et si les plantes qu'on nomme sensitives ont du sentiment ; mais assurons que la neige nous éblouit, que le soleil nous éclaire et nous échauffe, et que l'esprit et l'honnêteté sont au-dessus de tout.

Pour ce qui regarde le sujet de notre dispute, je vous dirai franchement ce que j'en pense. Il me semble donc que toutes les parties matérielles dont le monde est composé sont comptées. Leur Créateur en sait le nombre ; elles ne croissent ni ne diminuent, puisque rien ne se peut créer ni ne se réduire au néant, du moins selon l'ordre de la nature. Chaque petite partie que Dieu voit en elle-même a son être à part, et ce petit corps pour subsister n'a que faire d'un autre corps, car rien ne subsisterait nécessairement ; et tous les corps se pourraient anéantir, puisqu'il n'y en a point qui ne se puisse séparer. Le monde corporel est composé de ces petits corps qui sont de différente nature ; et quoiqu'ils soient si petits qu'ils ne sont presque rien, cependant, à les bien considérer, ce sont les seuls dont l'être est réel et nécessaire. Car les composés comme un arbre, une fleur ou un fruit, ne subsistent que par hasard et pour un temps, parce que ces petites parties qui les composent se séparent comme elles s'assemblent ; de sorte que, selon leur diverse nature plus ou moins noble, et leur proportion plus ou moins juste, nous trouvons ce qui s'en compose plus ou moins parfait ; et de là vient, pour ces sortes de choses, tout ce qu'on aime et qu'on admire. Du reste, vous espérez connaître tout, à force d'étudier le monde, je veux dire le monde na-

turel dans la simplicité qu'il a plu à Dieu de le
créer. Car, pour le monde artificiel qui dépend
des institutions des hommes, vous le négligez
à comparaison de l'autre, et je vous en sais
bon gré. Aussi je prends garde que les gens
de ce monde artificiel ne se mettent pas en peine
de l'autre, et lorsqu'on leur en parle, c'est un
langage qui les surprend. Mais je vous avertis
qu'outre ce monde naturel qui tombe sous la
connaissance des sens, il y en a un autre invisible, et que c'est dans celui-là que vous pouvez
atteindre à la plus haute science. Ceux qui ne
s'informent que du monde corporel jugent pour
l'ordinaire fort mal, et toujours grossièrement,
comme Descartes que vous estimez tant, qui ne
connaissait l'espace des lieux que par les corps
qui les occupaient, ni l'espace du temps que par
la durée de chaque chose. Car il soutient que,
si l'on ôtait tous les corps qui sont entre Paris
et Madrid, ces deux villes se toucheraient, et,
chose étrange, qu'elles se toucheraient sans
s'être approchées ; car elles se toucheraient, dit-
il, puisqu'il n'y aurait rien qui les séparât, et
se toucheraient sans s'être approchées, puisqu'elles seraient encore dans le même endroit.
Mais, sans m'arrêter à le convaincre de cette

erreur, sachez que c'est dans ce monde invisible et d'une étendue infinie, qu'on peut découvrir les raisons et les principes des choses, les
vérités les plus cachées, les convenances, les
justesses, les proportions, les vrais originaux
et les parfaites idées de tout ce qu'on cherche.

XXXIX

De Blaise Pascal a Madame Perier [1]

[1659.]

...En gros leur avis [2] fut que vous ne pouvez
en aucune manière, sans blesser la charité et
votre conscience mortellement et vous rendre
coupable d'un des plus grands crimes, engager
une enfant de son âge et de son innocence et
même de sa piété [3] à la plus périlleuse et la plus
basse des conditions du christianisme. Qu'à la
vérité, suivant le monde l'affaire n'avait nulle
difficulté et qu'elle était à conclure sans hésiter ; mais que selon Dieu, elle en avait moins
de difficulté et qu'elle était à rejeter sans hésiter, parce que la condition d'un mariage avantageux est aussi souhaitable suivant le monde,
qu'elle est vile et préjudiciable selon Dieu. Que
ne sachant à quoi elle devait être appelée, ni si
son tempérament ne sera pas si tranquillisé

1. Fragment publié par Victor Cousin.
2. De MM. Singlin, de Sacy et de Rebours, que Pascal
consulta à Port-Royal, et qui furent tous trois du même
avis.
3. Jacqueline Perier, alors âgée de quinze ans.

qu'elle puisse supporter avec piété la virginité, c'était bien peu en connaître le prix que de l'engager à perdre ce bien si souhaitable pour chaque personne à soi-même et si souhaitable aux pères et aux mères pour leurs enfants, parce qu'ils ne le peuvent plus désirer pour eux ; que c'est en eux qu'ils doivent essayer de rendre à Dieu ce qu'ils ont perdu d'ordinaire pour d'autres causes que pour Dieu.

De plus que les maris, quoique riches et sages suivant le monde, sont en vérité de francs païens devant Dieu ; de sorte que les dernières paroles de ces messieurs sont que d'engager une enfant à un homme du commun, c'est une espèce d'homicide et comme un déicide en leurs personnes...

XL
De Fermat à Blaise Pascal [1]

A Toulouse, le 25 Juillet 1660.

Monsieur,

Dès que j'ai su que nous sommes plus proches l'un de l'autre que nous n'étions auparavant [2], je n'ai pu résister à un dessein d'amitié dont j'ai prié Monsieur de Carcavi d'être le médiateur : en un mot, je prétends vous embrasser, et converser quelques jours avec vous ; mais, parce que ma santé n'est guère plus forte que la vôtre, j'ose espérer qu'en cette considération vous me ferez la grâce de la moitié du chemin, et que vous m'obligerez de me marquer un lieu entre Clermont et Toulouse, où je ne manquerai pas de me rendre vers la fin de septembre ou le commencement d'octobre. Si vous ne prenez pas ce parti, vous courez hasard de me voir chez vous, et d'y avoir deux malades en même temps. J'attends de vos nouvelles avec impatience, et suis de tout mon cœur, tout à vous...   Fermat.

1. Les lettres XL et XLI ont été publiées dans les *Varia Opera Mathematica D. Petri de Fermat*, Toulouse, 1679.

2. Pascal était alors à Bienassis, la maison de campagne des Perier, près de Clermont-Ferrand.

XLI

DE BLAISE PASCAL A FERMAT

De Bienassis, le 10 Août 1660.

Monsieur,

Vous êtes le plus galant homme du monde, et je suis assurément un de ceux qui sais le mieux reconnaître ces qualités-là et les admirer infiniment, surtout quand elles sont jointes aux talents qui se trouvent singulièrement en vous : tout cela m'oblige à vous témoigner de ma main ma reconnaissance pour l'offre que vous me faites, quelque peine que j'aie encore d'écrire et de lire moi-même : mais l'honneur que vous me faites m'est si cher, que je ne puis trop me hâter d'y répondre. Je vous dirai donc, Monsieur, que si j'étais en santé, je serais volé à Toulouse, et que je n'aurais pas souffert qu'un homme comme vous eût fait un pas pour un homme comme moi. Je vous dirai aussi que, quoique vous soyez celui de toute l'Europe que je tiens pour le plus grand géomètre, ce ne serait pas cette qualité-là qui m'aurait attiré; mais que je me figure tant d'esprit et d'honnê-

teté en votre conversation, que c'est pour cela
que je vous rechercherais. Car pour vous parler
franchement de la géométrie, je la trouve le
plus haut exercice de l'esprit ; mais en même
temps je la connais pour si inutile, que je fais
peu de différence entre un homme qui n'est que
géomètre et un habile artisan. Aussi je l'appelle le plus beau métier du monde ; mais enfin
ce n'est qu'un métier ; et j'ai dit souvent qu'elle
est bonne pour faire l'essai, mais non pas l'emploi de notre force : de sorte que je ne ferais
pas deux pas pour la géométrie, et je m'assure
que vous êtes fort de mon humeur. Mais il y a
maintenant ceci de plus en moi, que je suis
dans des études si éloignées de cet esprit-là, qu'à
peine me souviens-je qu'il y en ait. Je m'y étais
mis il y a un an ou deux par une raison tout
à fait singulière, à laquelle ayant satisfait, je
suis en hasard de n'y plus penser jamais, outre
que ma santé n'est pas encore assez forte ; car
je suis si faible que je ne puis marcher sans
bâton ni me tenir à cheval. Je ne puis même
faire que trois ou quatre lieues au plus en car-
rosse ; c'est ainsi que je suis venu de Paris ici
en vingt-deux jours. Les médecins m'ordonnent
les eaux de Bourbon pour le mois de septembre,

et je suis engagé autant que je puis l'être, depuis deux mois, d'aller de là en Poitou par eau
jusqu'à Saumur, pour demeurer jusqu'à Noël
avec Monsieur le duc de Rouannez, gouverneur
de Poitou, qui a pour moi des sentiments que
je ne vaux pas. Mais comme je passerai par
Orléans en allant à Saumur par la rivière, si ma
santé ne me permet pas de passer outre, j'irai
de là à Paris. Voilà, Monsieur, tout l'état de ma
vie présente, dont je suis obligé de vous rendre
compte, pour vous assurer de l'impossibilité où
je suis de recevoir l'honneur que vous daignez
m'offrir, et que je souhaite de tout cœur de
pouvoir un jour reconnaître, ou en vous, ou en
Messieurs vos enfants, auxquels je suis tout
dévoué, ayant une vénération particulière pour
ceux qui portent le nom du premier homme du
monde. Je suis, etc.

XLII
De Blaise Pascal a Madame de Sablé [1]

[Fin 1660.]

Encore que je sois bien embarrassé, je ne puis différer davantage à vous rendre mille grâces de m'avoir procuré la connaissance de M. Menjot [2], car c'est à vous sans doute, Madame, que je la dois. Et comme je l'estimais déjà beaucoup par les choses que ma sœur [3] m'en avait dites, je ne puis vous dire avec combien de joie j'ai reçu la grâce qu'il m'a voulu faire. Il ne faut que lire son épître pour voir combien il a d'esprit et de jugement ; et quoique je ne sois pas capable d'entendre le fond des matières qu'il traite dans son livre, je vous dirai néanmoins, Madame, que j'y ai beaucoup appris par la manière dont il accorde en peu de mots l'immatérialité de l'âme avec le pouvoir qu'a la matière d'altérer ses fonctions et de causer le délire. J'ai bien de l'impatience d'avoir l'honneur de vous en entretenir.

1. Lettre publiée par Victor Cousin.

2. Médecin protestant, qui venait de publier un ouvrage intitulé : *Febrium malignarum historia et curatio. Accesserunt dissertationes pathologicæ : ...de delirio in genere ... Parisiis, apud G. Meturas, 1660.*

3. Madame Perier.

XLIII

DE BLAISE PASCAL A MADAME PERIER [1]

Ma chère sœur,

Je ne crois pas que ce soit tout de bon que tu sois fâchée ; car si tu ne l'es que de ce que nous t'avons oubliée, tu ne dois point l'être du tout. Je ne te dis point de nouvelles, parce que les générales le sont trop et les particulières le doivent toujours être. J'en aurais beaucoup à te dire qui se passent dans un entier secret, mais je tiens inutile de te les mander ; tout ce que je te prie est de mêler les actions de grâces aux prières que tu fais pour moi, et que je te prie de multiplier en ce temps. J'ai moi-même, avec l'aide de Dieu, porté ta lettre, afin qu'on la fît tenir à Madame de Maubuisson [2]. Ils m'ont donné

1. Lettre publiée par Victor Cousin. M. Gazier estime que la date de 1661, qu'on a proposée, est assez douteuse, car, en 1661, Madame Perier demeurait à Paris avec ses enfants et ne semble pas avoir été en Auvergne. L'érudit commentateur se demande si cette lettre ne ferait pas allusion aux progrès accomplis par Pascal en 1654 dans la voie de la conversion. Il la placerait donc au temps de la première correspondance avec Fermat.

2. En 1661, l'abbesse de Maubuisson était Catherine Angélique d'Orléans. Si la date de 1654 est admise, Pascal

un petit livre où j'ai trouvé cette sentence écrite
à la main. Je ne sais si elle est dans le petit
livre des sentences[1], mais elle est belle. On me
presse tellement que je ne puis plus rien dire.
Ne manque pas à tes jeudis. Adieu, ma chère.

désignerait peut-être la Mère Marie des Anges Suyreau,
ancienne abbesse de Maubuisson, qui revint en 1648
comme simple religieuse à Port-Royal, fut nommée abbesse en novembre 1654 et mourut en 1658 (Gazier).

1. Le duc de Luynes publia, en 1675 et en 1680, sous
le pseudonyme du sieur de Laval, deux volumes de *Sentences*. Peut-être circulaient-ils depuis longtemps déjà en
manuscrit.

XLIV

DE BLAISE PASCAL A UN AMI DE CLERMONT [1]

[1661.]

Vous me faites plaisir de me mander tout le
détail de vos frondes, et principalement puisque
vous y êtes intéressés. Car je m'imagine que
vous n'imitez pas nos frondeurs de ce pays-ci,
qui usent si mal, au moins en ce qui m'en paraît, de l'avantage que Dieu leur offre de souffrir quelque chose pour l'établissement de ses
vérités. Car, quand ce serait pour l'établissement
de leurs vérités, ils n'agiraient pas autrement ; et
il semble qu'ils ignorent que la même Providence qui a inspiré les lumières aux uns, les refuse aux autres ; et il semble qu'en travaillant
à les persuader, ils servent un autre Dieu que
celui qui permet que des obstacles s'opposent

1. Cette lettre, dont la date et le destinataire sont inconnus, a été publiée par Victor Cousin. On a conjecturé
que les « fraudes » de Paris pourraient être les querelles
que Pascal soutenait contre Arnauld et Nicole au sujet de
la signature du Formulaire, et que celles de Clermont
seraient les luttes engagées par le chapitre de la cathé-
drale et les amis de Pascal contre les Jésuites du Collège
de Montferrand.

à leurs progrès. Ils croient rendre service à Dieu en murmurant contre les empêchements, comme si c'était une autre puissance qui excitât leur piété, et une autre qui donnât vigueur à ceux qui s'y opposent.

C'est ce que fait l'esprit propre. Quand nous voulons par notre propre mouvement que quelque chose réussisse, nous nous irritons contre les obstacles, parce que nous sentons dans ces empêchements ce que le motif qui nous fait agir n'y a pas mis, et nous y trouvons des choses que l'esprit propre qui nous fait agir n'y a pas formées. Mais, quand Dieu fait agir véritablement, nous ne sentons jamais rien au dehors qui ne vienne du même principe qui nous fait agir ; il n'y a point d'opposition au motif qui nous presse ; le même moteur qui nous porte à agir en porte d'autres à nous résister, au moins il le permet ; de sorte que, comme nous n'y trouvons point de différence et que ce n'est pas notre esprit qui combat les événements étrangers, mais un même esprit qui produit le bien et qui permet le mal, cette uniformité ne trouble point la paix d'une âme et est une des meilleures marques qu'on agit par l'esprit de Dieu, puisqu'il est bien plus certain que Dieu permet le mal, quelque grand qu'il soit, que non pas que Dieu fait le bien en nous (et non pas quelque autre motif secret), quelque grand qu'il nous paraisse ; de sorte que pour bien reconnaître si c'est Dieu qui nous fait agir, il vaut bien mieux s'examiner par nos comportements au dehors que par nos motifs au dedans, puisque si nous n'examinons que le dedans, quoique nous n'y trouvions que du bien, nous ne pouvons pas nous assurer que ce bien vienne véritablement de Dieu. Mais quand nous nous examinons au dehors, c'est-à-dire quand nous considérons si nous souffrons les empêchements extérieurs avec patience, cela signifie qu'il y a une uniformité d'esprit entre le moteur qui inspire nos passions et celui qui permet les résistances à nos passions ; et comme il est sans doute que c'est Dieu qui permet les unes, on a droit d'espérer humblement que c'est Dieu qui produit les autres.

Mais quoi ! on agit comme si on avait mission pour faire triompher la vérité, au lieu que nous n'avons mission que pour combattre pour elle. Le désir de vaincre est si naturel que, quand il se couvre du désir de faire triompher la vérité, on prend souvent l'un pour l'autre et on croit rechercher la gloire de Dieu en cherchant en effet la sienne. Il me semble que la manière dont nous supportons les empêchements en est la plus sûre marque ; car enfin si nous ne voulons que l'ordre de Dieu, il est sans doute que nous souhaiterons autant le triomphe de sa justice que celui de sa miséricorde, et que, quand il n'y aura point de notre négligence, nous serons dans une égalité d'esprit, soit que la vérité soit connue, soit qu'elle soit combattue, puisqu'en l'un la miséricorde de Dieu triomphe et en l'autre sa justice.

Pater juste, mundus te non cognovit [1]. Père juste, le monde ne t'a pas connu. Sur quoi saint Augustin dit que c'est un effet de sa justice qu'il ne soit point connu du monde [2]. Prions et travaillons et réjouissons-nous de tout, comme dit saint Paul [3].

Si vous m'aviez repris dans mes premières fautes, je n'aurais pas fait celle-ci, et je me serais modéré. Mais je n'effacerai non plus celle-ci que l'autre : vous l'effacerez bien vous-même si vous voulez. Je n'ai pu m'en empêcher, tant

1. Joan. XVII, 25.
2. In Joan. Evang. Tr. CXI, n. 5.
3. I Thessal. V, 15-18.

je suis en colère contre ceux qui veulent absolument que l'on croie la vérité lorsqu'ils la démontrent, ce que Jésus-Christ n'a pas fait en
son humanité créée. C'est une moquerie et c'est,
ce me semble, traiter le...

Je suis bien fâché de la maladie de M. de La-
porte [1]. Je vous assure que je l'honore de tout
mon cœur. Je etc.

1. Médecin de Clermont, ami des Perier et de Port-Royal.
Il vécut jusqu'en 1681.

APPENDICE

I

De Descartes au P. Mersenne [1]

Mon Révérend Père,

Il y a déjà quelque temps que M. de Zuylichem [2] m'a envoyé l'imprimé de M. Pascal, de quoi je remercie l'auteur, puisque c'est de sa part qu'il m'est envoyé. Il semble y vouloir combattre ma matière subtile, et je lui en sais fort bon gré ; mais je le supplie de n'oublier pas à mettre toutes ses meilleures raisons sur ce sujet, et de ne pas trouver mauvais, si en temps et lieu j'explique tout ce que je croirais être à propos pour me défendre.

Vous me demandez un écrit touchant les expériences du vif-argent, et néanmoins vous différez de me les apprendre, comme si je les devais deviner; mais je ne dois pas me mettre en hasard de cela, pour ce que, si je rencontrais la vérité, on pourrait juger que j'en aurais fait ici l'expérience, et si je

1. Publiée par l'abbé Emery, *Pensées de Descartes sur la religion et la morale;* Paris, 1811, p. LI.
2. Christian Huygens.

manquais, on en aurait moins bonne opinion de moi; mais, s'il vous plaît me faire part ingénument de tout ce que vous avez observé, je vous en aurai obligation; et en cas qu'il arrive que je m'en serve, je n'oublierai pas de faire savoir de qui je les tiens.

J'avais averti M. Pascal d'expérimenter si le vif-argent montait aussi haut lorsqu'on est au-dessus d'une montagne que lorsqu'on est tout au bas; je ne sais s'il l'aura fait. Mais, afin que nous puissions aussi savoir si le changement des temps et des lieux n'y fait rien, je vous envoie une mesure de papier de deux pieds et demi, où le troisième et le quatrième pouces, au delà de deux pieds, sont divisés en lignes, et j'en retiens ici une autre toute semblable, afin que nous puissions voir si nos observations s'accorderont. Je vous prie donc de vouloir observer en temps froid et en temps chaud, et lorsque le vent du sud et du nord souffleront, jusqu'à quel endroit de cette mesure le vif-argent montera; et afin que vous sachiez qu'il s'y trouvera de la différence, et que cela vous engage à m'écrire aussi tout franchement vos observations, je vous dirai que, lundi dernier, la hauteur du vif-argent était justement de deux pieds trois pouces, selon cette mesure, et qu'hier, qui était jeudi, elle était un peu au delà de deux pieds et quatre pouces ; mais aujourd'hui elle a rabaissé de trois ou quatre lignes. J'ai un tuyau qui demeure attaché jour et nuit en même lieu, pour faire ces observations, lesquelles je crois qu'il n'est pas besoin de divulguer sitôt, et qu'il vaut mieux attendre que le livre de M. Pascal soit publié.

Je voudrais aussi que vous essayassiez d'allumer du feu dans votre vide, et que vous observassiez si la fumée ira en haut ou en bas, et de quelle figure sera la flamme. On peut faire cette expérience en faisant pendre un peu de soufre ou de camphre au bout d'un filet dans le vide, et en y mettant le feu au travers du verre, avec un miroir ou verre brûlant. Je ne puis faire cela ici, parce que le soleil n'est pas assez chaud, et je n'ai pu encore avoir le tuyau ajusté avec la bouteille.

Je m'étonne de ce que vous avez gardé quatre ans cette expérience, ainsi que le dit M. Pascal, sans que vous m'en ayez jamais rien mandé, ni que vous ayez commencé à le faire avant cet été, car, sitôt que vous m'en parlâtes, je jugeai qu'elle était de conséquence, et qu'elle pourrait grandement servir à vérifier ce que j'ai écrit de physique. Je suis, *etc.*

D'Egmond, 13 Décembre 1647.

II

D'Étienne Pascal au P. Noël

Mon Révérend Père,

Il y a quelques mois que mon fils m'apprit l'honneur que vous lui aviez fait de lui écrire sur ses expériences touchant le vide. Il m'envoya votre lettre et sa réponse ; depuis, je n'avais plus ouï parler de vos entretiens, sinon environ un mois. En ce temps, un homme de condition de cette ville de Rouen, me faisant l'honneur de me rendre visite, à son retour d'un voyage de Paris, me dit qu'il y avait vu votre livre intitulé *Le plein du vide*, dédié à Monseigneur le prince de Conti, dans lequel il est fait mention d'une seconde lettre que vous avez écrite à mon fils sur le même sujet.

La curiosité de la voir m'obligea de lui écrire que j'en désirais avoir part, et lui demander raison, premièrement, de ce qu'il ne me l'avait point envoyée, et secondement, de ce qu'il ne s'était point donné l'honneur d'y repartir. A cette lettre, il me fit une réponse assez ample, par laquelle il me rend raison de ce que je désirais savoir, et me fait entendre que votre seconde lettre, ou plutôt votre réplique à sa réponse, lui fut rendue par le Père Talon,

l'un des Pères de votre Société, lequel, en présence
de personnes dignes de foi, lui fit prière, de votre
part, de ne point faire de repartie à cette réplique,
disant que s'il restait des difficultés entre vous, on
pourrait s'en éclaircir de vive voix, et que vous ne
désiriez pas que cette réplique (laquelle n'était écrite
que pour lui seul) fût communiquée à personne, vu
même qu'on ne peut publier le secret des lettres,
qui sont des entretiens particuliers, sans le violer
en même temps. Il ajoute ensuite qu'un de mes
intimes amis, depuis trente ans et plus, plein d'honneur, de doctrine et de vertu, lui avait, quelques
jours avant ma lettre, fait les deux mêmes questions;
que cela lui avait donné lieu de faire réponse par
écrit à cet ami, par laquelle il ne s'est pas contenté
de satisfaire à sa curiosité sur ses deux demandes,
mais qu'il y a de plus, par la même pièce, reparti
à votre seconde lettre, laquelle il a estimé ne devoir
tenir secrète plus longtemps; qu'il n'a fait aucun
scrupule de la publier, après avoir vu que vous
l'aviez vous-même rendue publique par votre petit
livre, dans lequel vous avez pris la peine de copier
et faire imprimer très fidèlement les mêmes mots
et les mêmes périodes que vous avez employés en
cette seconde lettre, pour vous expliquer de tout ce
qui regarde la question du vide ; et qu'il n'a fait aussi
aucun scrupule d'y repartir, ni de communiquer
aussi cette repartie à tous ses amis, après avoir ap-

pris que quelques-uns des Pères de votre Société, faute peut-être d'avoir la connaissance de la prière qui lui avait été, de votre part, portée par le Père Talon, donnaient une très rude interprétation à son silence. Et, pour prévenir la question que je lui pouvais faire, pourquoi ce n'est pas à vous-même qu'il adresse sa repartie, il me fait entendre qu'ayant lu la lettre dédicatoire de votre livret, il y a vu des discours si désobligeants, et, qui plus est, si injurieux, qu'il a cru ne pouvoir y repartir, et vous adresser sa repartie, sinon, ou en repoussant vos injures non attendues par des discours de même catégorie, ou en pratiquant le précepte de l'Evangile, de faire notre plainte et correction fraternelle à ceux-là mêmes qui nous en donnent sujet. Et voyant que la première de ces deux manières était tout à fait contraire à son inclination, et reconnaissant aussi que la seconde pouvait être accusée de présomption en sa personne, eu égard à la disparité de votre âge et du sien, il a estimé plus à propos d'adresser à cet ami sa repartie toute simple et toute naïve, et sans témoignage d'avoir aucun ressentiment de ce que vous avez écrit, de me supplier, comme il a fait, de prendre la peine de pratiquer moi-même ce précepte de l'Evangile, vous faire entendre sa juste plainte de l'avoir, sans occasion quelconque, provoqué, et le peu de convenance qu'il y a entre le genre d'écrire dont vous avez usé et la condition que vous

professez, jugeant que vous recevrez cela avec plus
d'agrément de ma part que de la sienne. Mais surtout il me prie de vous faire comparoir le peu d'estime qu'il pouvait espérer de vous, s'il avait été si
crédule que d'ajouter foi au compliment hors de
saison que vous lui avez envoyé faire, par lequel
vous avez voulu lui persuader que les paroles insérées dans ce livret, qui paraissent aigres et inutiles,
n'étaient pas pour lui, mais bien pour le Père Valerianus Magnus, capucin. Par la fin de sa lettre, il
me promet de me faire tenir dans peu votre livret
avec les copies de votre réplique ou seconde lettre,
et la repartie qu'il a faite dans la lettre qu'il écrit
à cet ami dont j'ai déjà parlé. En effet, peu de temps
après je reçus ces trois pièces. Pour les voir exactement comme j'ai fait, et pour prendre le loisir
d'écrire la présente, j'ai été obligé de dérober, à mon
repos de quelques nuits, le temps que je n'aurais
pu dérober à mon travail de jour, sans faire tort à
mon devoir.

Par la réponse que je fis à sa lettre, je lui man-
dai qu'agréant la prière qu'il me fait, je prenais sur
moi la charge de vous faire sa plainte sans aigreur,
sans injure, sans invective, et en des termes sans
doute plus convenables à ma plume qu'à la sienne :
joint que je me trouvais obligé de vous écrire par
la curiosité que j'avais de tirer de vous la lumière
d'un certain passage de votre seconde lettre qui me

paraissait obscur et fort embarrassé ; que j'approu-
vais qu'il ne vous eût point fait l'adresse de sa
repartie, vu les raisons qu'il en avait ; que j'approu-
vais aussi qu'il eût communiqué à nos amis tous
vos entretiens particuliers, et même votre dite réplique et sa dernière repartie ; que je désirais néanmoins qu'il différât jusqu'au prochain mois de
mettre au jour cette repartie ; qu'en ce temps j'espérais faire, avec l'aide de Dieu, un petit voyage à
Paris, où je demeurerais huit ou dix jours pour affaires domestiques ; que, pendant ce temps, je voulais lui proposer quelques difficultés qui m'empé-
chaient d'acquiescer, comme il semble faire, à l'opinion touchant la suspension du vif-argent dans le
tube par la pesanteur de la colonne d'air. C'est une
opinion que tous les savants savent avoir été proposée par Torricelli ; je ne sais pourquoi, vous servant
de cette pensée, vous ne faites pas mention qu'elle
est de Torricelli. Je veux aussi proposer mes difficultés à quelques autres personnes dont la doctrine et
le profond raisonnement me sont connus depuis de
longues années, que je vois de même incliner à
cette opinion, et de laquelle je ne suis pas moi-même
peu persuadé, bien que je ne le sois pas entièrement.
Je ne sais pas quel sera l'événement des difficultés
que j'ai à proposer ; mais comme ce n'est ni l'opiniâtreté, ni l'ambition de l'empire des connaissances,
qui règne dans leur esprit ni dans le mien, je sais

avec assurance que la raison l'emportera. Quoi qu'il en arrive, je ne ferai plus d'obstacle après cela à la publication de cette repartie, dont j'ai déjà fait voir le manuscrit, et de toutes vos autres communications, en cette ville de Rouen, à tous ceux qui en ont eu curiosité, comme choses déjà publiques dans Paris.

Après cela, mon Père, s'il vous reste quelque doute de la raison pourquoi cette dernière repartie à votre réplique n'a point encore vu le grand jour, et comment il est arrivé que, sans avoir l'honneur d'être connu de vous, je me sois donné celui de vous écrire, je vous supplie, en un mot, d'attribuer le premier à l'obéissance du fils et le second à la condescendance du père.

Mais, avant que de m'acquitter de la charge que j'ai prise, je vous dirai, mon Père, que quand mon fils me fit remarquer, par sa lettre, que votre livret est une copie, très fidèle, et des mêmes dictions que vous avez employées dans la seconde lettre qu'il a reçue de vous, pour expliquer votre pensée sur la question du vide, il ne le fait pas pour vous en faire plainte ; et quand je réitère ici cette remarque, ce n'est simplement que par forme d'histoire, et non par forme de plainte. Au contraire, je paraîtrais ingrat au dernier point, si je ne vous rendais très humblement grâces d'avoir voulu rendre cet honneur à mon fils, de lui présenter une pièce que vous avez sans doute incroyablement estimée, puisque vous

avez jugé que vous pouviez, sans incivilité, en présenter une partie, quatre ou cinq mois après, à un
prince très illustre, et par sa naissance, et par son
mérite personnel ; et certainement s'il y avait lieu
de plainte, ce serait à Son Altesse, de laquelle vous
êtes obligé de reconnaître la grâce qu'elle vous a
faite, d'avoir daigné recevoir de vous une pièce qui
n'était plus entièrement vôtre, et que vous lui avez
rendue [1] méprisable par la basse prostitution que vous
en avez déjà faite ; car enfin, mon Père, la prostitution, quoique secrète, ne laisse pas d'être prostitution.

Le véritable sujet de la plainte que mon fils fait
de votre procédé ne consiste donc pas en cette fidèle
copie ; mais il consiste, mon Père, en ce que, par le
titre de votre livre, et par lettre dédicatoire à Son
Altesse, vous avez usé d'une façon d'écrire tellement
injurieuse qu'il n'y a que vos seuls ennemis capables
de l'approuver, pour vous accoutumer peu à peu à
l'usage d'un style impropre à toutes choses, sinon
à vous causer des déplaisirs sans nombre. Et certainement, mon Père, quoique je ne sois pas assez heureux pour avoir le bien de votre connaissance, je ne
puis vous dissimuler que vous l'avez été beaucoup
d'avoir entrepris, à si bon marché, de vous com-

---

1. Bossut imprime ici : « peu considérable par l'usage
que vous en aviez déjà fait ». On doit à M. Léon Brunschvicg
d'avoir rétabli le texte original.

mettre en style d'injures contre un jeune homme
qui, se voyant provoqué sans sujet, je dis sans aucun sujet, pouvait, par l'amertume de l'injure et par
la témérité de l'âge, se porter à repousser vos invectives (de soi très mal établies), en termes capables
de vous causer un éternel repentir. Vous me direz
peut-être que vous n'eussiez pas demeuré sans repartie. Mais estimez-vous qu'il fût de sa part demeuré
dans le silence ? et ainsi où eût été le bout de ce
beau combat ? Vous n'avez donc pas été malheureux
d'avoir eu affaire à un jeune homme, lequel, par une
modération de nature qui ne s'accorde pas toujours
avec cet âge, au lieu d'en venir à ces extrémités dé-
savantageuses à l'un et à l'autre, mais beaucoup plus
à vous, a pris une autre voie pour vous faire entendre
sa plainte. Et c'est par la juste condescendance que
j'ai rendue à sa prière que je vous la porte ; mais
sans injure, sans invective, sans user de termes de
faussetés, d'impostures, d'expériences mal recon-
nues et encore plus mal avérées. Et toutefois, sur
tous les passages de votre ouvrage où je trouverai
qu'il a eu sujet de se plaindre de vous, je prendrai
la liberté de le faire sans dissimulation, et de vous
donner des avis qu'en cas pareil (si Dieu avait permis
que je m'y fusse précipité) je serais prêt à recevoir
de tout le monde. En tout ce discours, vous ne trouverez rien qui touche la question du vide. Je suis,
il y a longtemps, très persuadé de l'opinion que j'en

ai ; et, comme elle m'est indifférente (sinon en ce qu'il importe à tous les hommes que la vérité soit connue), j'en laisse à vous deux, si vous avez agréable, la contestation, et le jugement aux savants du siècle présent, sauf l'appel à la postérité. Je ne m'expliquerai avec vous que de vos mépris et de vos invectives, que j'ai jugés si peu préjudiciables à celui qui en est l'objet, que je n'ai fait difficulté quelconque de les insérer ici en leur entier, pour puis après les examiner en détail.

Voici le titre de votre livre : *Le plein du vide, ou le corps dont le vide apparent des expériences nouvelles est rempli, prouvé par d'autres expériences, confirmé par les mêmes, et démontré par raisons physiques.*

Commençons, s'il vous plaît, à examiner votre titre : *Le plein du vide.* Le livret de mon fils, contre lequel vous écrivez, est ainsi intitulé : *Expériences nouvelles touchant le vide, faites dans les tuyaux, seringues, soufflets et siphons de plusieurs longueurs et figures,* etc. A ce titre simple, naïf, ingénu, sans artifice et tout naturel, vous opposez cet autre titre : *Le plein du vide,* subtil, artificieux, orné, ou plutôt composé d'une figure qu'on appelle *antithèse,* si j'ai bonne mémoire.

En conscience, mon Père, comment pouviez-vous mieux débuter pour faire un abrégé de dérision ? On voit bien que ç'a été là tout votre but, sans vous soucier beaucoup des termes de cette antithèse, laquelle peut véritablement passer dans l'Ecole, où il est non seulement permis, mais aussi nécessaire (tant la nature de l'homme est imparfaite) de commencer par mal faire, pour apprendre peu à peu à faire bien ; mais certainement dans le monde, où l'on n'excuse rien, elle ne saurait passer, puisque par elle-même elle n'a point de sens parfait ; et je ne doute pas que vous ne l'ayez reconnu vous-même, et que ce ne soit peut-être pourquoi vous y avez ajouté un commentaire, sans lequel, quoique française de nation et d'habillement, elle pouvait passer par toute la France pour *incognito*, et aussi mystérieuse que les nombres pythagoriciens, qu'un auteur moderne dit être pleins de mystères si cachés, que personne jusqu'ici n'en a su découvrir le secret.

Si j'osais, mon Père, prendre la liberté de parler ici de grammaire, et d'établir quelques principes pour l'antithèse, je vous dirais premièrement que l'antithèse doit contenir en soi-même un sens accompli, comme quand nous disons que *servir Dieu c'est régner*, que *la prudence humaine n'est que folie*, que *la mort est le commencement de la vie véritable*, et mille autres de cette nature. La raison de ceci est que l'antithèse, pour avoir bonne grâce, doit, par la seule énonciation de ses termes, découvrir non seulement le sens qu'elle contient, mais aussi sa pointe et sa subtilité. Que si l'antithèse est

de telle nature que, combien que son sens soit parfait, il ne soit pourtant pas intelligible universellement à tous, il faut, en ce cas, faire précéder un
discours qui en donne l'intelligence à tout le monde,
afin qu'au même temps qu'on l'entend prononcer,
on en conçoive le sens et la force. C'est avec cette
précaution qu'un excellentissime auteur de ce temps
en a fait une très belle, en laquelle il a, comme vous,
employé le plein et le vide, en parlant des prêtres.
Après avoir fait voir comme ils se devaient vider
et dépouiller de toutes les affections de la terre pour
être remplis de l'abondance de la grâce, il ajoute
ensuite que c'est en ce sens qu'un grand saint a
dit : *In apostolis multum erat pleni, quia multum
erat vacui ;* mais cette précaution ne peut pas servir
pour les titres des ouvrages, qui ne sont précédés
d'aucun discours. Secondement, je vous dirais qu'il
est impossible qu'une antithèse consistant en deux
adjectifs contraires puisse contenir un sens parfait,
quand l'un est énoncé par le nominatif et l'autre
par le génitif, comme la vôtre : *le plein du vide,* qui
a tout aussi peu de sens comme celles qui seraient
contenues en ces termes : *le faible du fort, le petit
du grand, le riche du pauvre.* La raison pour laquelle telles antithèses n'ont point de sens accompli,
est que dans les termes d'icelles il n'y a ni sujet ni
attribut. Vous avez grand intérêt, mon Père, d'empêcher, si vous pouvez, que cette antithèse ingénieuse,

dont vous vous servez pour frapper et rendre ridicule un ouvrage étranger, ne fasse une dangereuse
répercussion sur le vôtre.

L'explication de votre antithèse est suivie d'une
addition qui contient trois belles promesses, dont
vous n'avez accompli une seule. Soyez assuré d'un
ample remerciement, quand vous y aurez satisfait ;
mais jusqu'à présent, de tout votre titre, compris
son explication et son addition, l'on n'en peut recueillir autre chose, sinon que, lorsque vous l'avez
composé, vous étiez en très belle humeur, sans autre
pensée que de rire et de vous jouer. Mais la lecture
de votre Epître dédicatoire m'apprend que vous avez
intention de mordre en riant, et d'égratigner en
vous jouant. En voici la teneur :

A Monseigneur le Prince de Conti.

Monseigneur,

*La Nature est aujourd'hui accusée de vide, et j'en-
treprends de l'en justifier en la présence de Votre
Altesse. Elle en avait bien auparavant été soupçonnée;
mais personne n'avait encore eu la hardiesse de
mettre des soupçons en fait, et de lui confronter les
Sens et l'Expérience. Je fais voir ici son intégrité, et
montre la fausseté des faits dont elle est chargée, et
les impostures des témoins qu'on lui oppose. Si elle
était connue de chacun comme elle est de Votre Altesse, à qui elle a découvert tous ses secrets, elle
n'aurait été accusée de personne, et on se serait bien*

gardé de lui faire un procès sur de fausses dépositions, et sur des expériences mal reconnues et encore
plus mal avérées. Elle espère, Monseigneur, que vous
lui ferez justice de toutes ces calomnies. Et si, pour
une plus entière justification, il est nécessaire qu'elle
paye d'expérience, et qu'elle rende témoin pour témoin, alléguant l'esprit de Votre Altesse, qui remplit toutes ses parties, et qui pénètre les choses du
monde les plus obscures et les plus cachées, il ne
se trouvera personne, Monseigneur, qui ose assurer
qu'au moins à l'égard de Votre Altesse il y ait du
vide dans la nature. Cette raison ne laisse rien à
faire à toutes les expériences produites et à produire ;
et je ne doute point que nos adversaires n'en
demeurent d'accord avec moi, qui en suis aussi persuadé que personne, et qui, par cette persuasion
universelle, ajoutée à mes devoirs particuliers, suis
aussi parfaitement que nul autre,

Monseigneur,

de Votre Altesse,
le très humble, très obéissant et très obligé serviteur.

ESTIENNE NOËL,

de la Compagnie de Jésus.

Dieu vous maintienne longues années, mon Révérend Père, dans la joie que vous ont donnée ces
belles pensées, et vous ôte de l'esprit les nuages qui
la pourraient troubler, par une solide réflexion que

vous pourrez quelque jour faire sur tous ces beaux discours !

Quel pouvez-vous imaginer être le jugement de tous les savants sur l'entreprise que vous faites, de vouloir faire passer pour ridicules et tourner en raillerie des expériences qu'ils ont tous très sérieusement considérées durant plusieurs mois, et qu'ils considèrent encore tous les jours avec toute la force et toute l'attention de leur esprit ? *La Nature*, dites-vous, *est aujourd'hui accusée de vide*, et vous entreprenez de l'en justifier, et tout le surplus de cette Epître n'est rien qu'une continuation de cette allégorie pointue, ou plutôt piquante, et pleine de pointes satiriques et de reproches de *hardiesse*, de *fausseté* de faits, d'*impostures de témoins*, de *fausses dépositions*, d'*expériences mal reconnues et encore plus mal avérées*. Ensuite de cette allégorie vous détruisez l'effet de toutes ces expériences par une seule hyperbole, dont nous nous expliquerons, s'il vous plaît, après que nous nous serons entretenus de votre allégorie et de ses pointes.

Je ne crois pas vous avoir encore entièrement expliqué la plainte de mon fils : en un mot, mon Père, il se plaint seulement de la mauvaise volonté que vous avez fait paraître contre lui ; mais il ne se plaint aucunement de l'effet. Il ne faut pas de raisonnement pour faire paraître le dessein et la volonté que vous avez eus de le provoquer ; mais pour faire paraître

que l'effet de votre intention n'a été capable d'of-
fenser que vous-même et non pas lui, je suis obligé
par nécessité de vous faire remarquer beaucoup de
choses, que sans doute vous n'avez pas observées,
afin qu'en même temps vous jugiez que votre discours n'est pas si énergique que vous avez pensé, ni
assez puissant pour produire l'effet que vous vous
étiez imaginé. Enfin il a, dites-vous, accusé la Nature
de vide : n'est-ce pas une personne bien dangereuse,
d'avoir osé accuser la Nature de vide ? Car si
admettre le vide n'était pas un crime métaphorique, l'opinion de l'admission du vide ne serait pas
une accusation métaphorique ; et vous n'entrepren-
driez pas de l'en justifier métaphoriquement, et tout
le surplus de votre allégorie, fondée sur cette métaphore de crime, ne subsisterait pas. Car à quoi pour-
rait-on rapporter la *hardiesse* qu'à votre dire les ac-
cusateurs de la Nature ont pris *de lui confronter les
sens et l'expérience ?* Comment expliquerait-on la
peine que vous vous donnez *de la justifier et de faire
voir son intégrité, de montrer la fausseté des faits
dont elle est chargée, et les impostures des témoins
qu'on lui oppose ?* Quel sens donnerait-on à ce que
vous ajoutez que *si la Nature était connue d'un chacun comme elle l'est de Son Altesse, on se serait bien
gardé de lui faire un procès sur de fausses dépositions ?* Et à quel propos demanderiez-vous *justice* à
Son Altesse *de toutes ces calomnies ?* Tous ces dis-

cours auraient aussi peu de sens que l'antithèse de votre titre, si l'admission du vide n'était un crime métaphorique.

En vérité, mon Père, quand vous aurez perdu la joie que vous avez conçue d'avoir trouvé cette allégorie, c'est-à-dire dans quelque temps, que la production que vous ferez d'autres ouvrages de plus grande conséquence vous aura fait oublier que vous êtes l'auteur de celui-ci, et que vous serez en état de le considérer comme un ouvrage d'autrui, j'ai grand' peine à croire que vous en fassiez la même estime que vous en faites à présent. Vous ferez alors une réflexion sur les règles de la métaphore ; vous en remarquerez au moins la principale, capable toute seule de vous ôter la bonne opinion que vous avez conçue de celle sur laquelle vous avez fondé cette allégorie, et reconnaîtrez qu'il faut que le terme métaphorique soit comme une figure ou une image du sujet réel et véritable qu'on veut représenter par la métaphore ; ce qui fait que le terme métaphorique ne peut point être adapté au sujet qui est directement contraire au premier : ainsi nous appelons, par métaphore, une *langue serpentine*, quand nous parlons d'une langue médisante, parce que le venin de la langue du serpent est comme l'image et le symbole du mal et du dommage que la langue médisante apporte à l'honneur et à la réputation de celui dont elle a médit ; ce qui fait que le même terme méta-

phorique de langue serpentine ne peut être adapté
au sujet contraire, c'est-à-dire à la langue qui chante
les louanges d'autrui : c'est ainsi que l'Eglise est
appelée, par une sainte métaphore, l'*épouse de
Jésus-Christ*, et c'est sur cette métaphore que roule
tout le *Cantique des cantiques ;* c'est ainsi que la
Vierge dit dans le sien, qu'en elle le Seigneur a fait
paraître *la puissance de son bras ;* et l'Ecriture en est
toute remplie, parce que les divins mystères nous
étant tellement inconnus que nous n'en savons pas
seulement les véritables noms, nous sommes obligés
d'user de termes métaphoriques pour les exprimer ;
c'est ainsi que l'Eglise dit que *le Fils est assis à la
dextre de son Père ;* que l'Ecriture se sert si souvent du mot de *Royaume des cieux ;* que David dit :
« Lavez-moi, Seigneur, et je serai plus blanc que
neige » ; mais, en toutes ces métaphores, il est très
certain que tous ces termes métaphoriques sont les
symboles des images que nous voulons signifier, et
dont nous ignorons les véritables noms.

Et pour venir à votre métaphore du crime dont
vous dites que *la Nature est accusée*, considérez, je
vous prie, celle que Cicéron a faite très à propos d'un
autre crime, dont aussi il accuse métaphoriquement
la Nature. Il dit que c'est une *marâtre et mille fois
pire qu'une marâtre ;* il insulte contre elle comme
contre *une mère criminelle qui tourmente sans cesse,
et puis qui fait criminellement mourir les plus par-*

faits de ses enfants. Mais ne voyez-vous pas que le crime et la cruauté d'une mère qui tourmente sans cesse, et fait enfin mourir les plus parfaits de ses enfants, est une image qui exprime et représente naïvement, quoique par métaphore, l'action de la Nature en sa misère perpétuelle, et en la mort même qu'elle cause à tous les hommes, qui sont les plus accomplis de ses ouvrages ? En un mot, mon Père, la métaphore n'est autre chose qu'un abrégé de similitude ou comparaison ; et la plus universelle règle de la métaphore est qu'elle ne peut être valable si elle ne peut, par le changement de phrase, être convertie en comparaison. Considérons ensuite votre métaphore, et jugez, s'il vous plaît, vous-même que ce terme métaphorique de crime, que vous avez pris pour fondement, n'a aucun rapport à l'admission du vide, n'est point crime, ni réellement, ni métaphoriquement, parce que l'admission du vide n'a aucun rapport avec le crime qui lui peut être raisonnablement comparé. De là il s'ensuit deux notables inconvénients, qui font remarquer que votre métaphore a cela de commun avec votre antithèse, qu'elle ne peut passer que dans l'Ecole, et non pas dans le monde.

Le premier inconvénient est que ce même terme métaphorique de crime que vous avez improprement adapté à l'admission du vide, peut être également adapté au sujet directement contraire, c'est-à-dire à l'admission de la plénitude.

Le second est que, comme vous avez adapté le terme
de crime à l'admission du vide, on peut également
adapter le terme de justice ou de vertu, directement
contraire à celui de crime, au même sujet de l'admission du vide ; tellement qu'il serait aussi bien
qu'à vous permis à quiconque voudrait se jouer
comme vous et tourner en raillerie votre allégorie,
de tenir le vide pour une éminente vertu, et, au contraire, tenir la plénitude pour un infâme crime ; et
sur ces beaux fondements bâtir une autre allégorie
toute pareille à la vôtre. Il pourrait introduire un
chevalier métaphorique qui se présenterait les armes
en la main devant Son Altesse pour défendre *l'Intégrité de la Nature* contre la plume du Père Noël
qui, sous prétexte de la justifier du crime prétendu
de vide (qu'il soutiendrait, au contraire, être la plus
éminente de ses vertus), l'a injurieusement accusée
de celui d'une plénitude si monstrueuse, qu'elle en
crève de toutes parts. Il ferait (en continuant l'allégorie) que ce cavalier poserait les armes par le commandement de Son Altesse, qu'il se métamorphose-
rait comme vous en avocat avouant métaphoriquement pour *justifier la nature* ; il parlerait hautement
de *l'imposture des témoins* qu'on lui oppose ; il di-
rait que la *matière subtile*, la *matière ignée*, la *sphère
du feu*, l'*Æther*, les *esprits solaires* et la *légèreté mouvante* sont tous faux témoins, de la fausse déposi-
tion desquels le Père Noël prétend se servir pour faire

le procès à cette vertueuse dame, prenant la hardiesse (ce que *personne n'avait encore osé*) de lui confronter tous ces imposteurs, gens de *néant*, gens inconnus au ciel et à la terre, et contre lesquels toutefois la pauvre dame ne pourra, dans la confrontation, alléguer d'autres reproches, sinon qu'elle, qui a tout produit et qui connaît toutes choses, ne les connaît point et ne les connut jamais. Alors il aurait aussi bonne grâce que vous à demander justice de toutes ces calomnies à Son Altesse, laquelle, considérant que ni le vide, ni la plénitude, ne sont ni perfection, ni imperfection, ni vice, ni vertu, ni crime, ni injure à la Nature, mettrait sans doute les parties hors de cour et de procès.

Je vous supplie très humblement, mon Père, et tous ceux qui verront ce discours, de s'assurer que je n'ignore pas combien cette façon d'écrire est peu digne de votre condition et de la mienne, et que si j'ai fait ici une très mauvaise copie de votre allégorie, je ne l'ai fait qu'avec une répugnance extrême, et sans autre dessein qu'afin que vous puissiez, sur mon ouvrage, faire une réflexion que vous n'avez su faire sur le vôtre.

Aussi certainement je me résoudrais à supprimer dans le reste de ce discours le mot même d'allégorie, si je n'avais à m'expliquer des invectives que vous avez tellement entrelacées dans la vôtre, qu'il est difficile à juger si vous avez inventé les invectives

pour trouver expédient de continuer l'allégorie, ou
si vous avez inventé l'allégorie pour prendre sujet
d'y faire glisser ces invectives inventées. Le dernier
toutefois me semble plus vraisemblable : la conclusion de l'allégorie me le fait ainsi juger ; car, après
avoir doctement étendu en termes de Tournelle (pour
faire voir que vous savez un peu de tout) cette criminelle allégorie, vous concluez par la justification
de la Nature contre ceux qui veulent lui faire son
procès sur de fausses dépositions, et sur des expériences *mal reconnues et encore plus mal avérées ;*
ensuite vous demandez *justice* à Son Altesse *de toutes
ces calomnies.* En bon français, mon Père, tout ce
discours ne signifie autre chose, sinon que toutes
ces expériences sont fausses et mal entendues. Para-
vant, je vous dirai, mon Père, que si Son Altesse
vous fait justice, et qu'elle veuille se donner la peine
de faire réitérer ces expériences en sa présence, on
lui fera voir qu'elles sont très véritables, et que de
plus elles sont très bien entendues, si ce n'est que
vous ayez en ce point entendu parler de vous-même,
auquel cas je ne crois pas qu'il se trouve personne en
disposition de vous contredire.

Je sais bien que vous ne dites pas dans votre Epître
dédicatoire que ce soit des expériences de mon fils
dont vous parlez ; et je sais bien aussi, comme je
vous ai dit ci-devant, que vous lui en avez envoyé
faire civilité, et lui dire que ce n'est pas lui dont vous

entendez parler dans les paroles fâcheuses qui y
sont insérées, mais bien du Père Valerianus Magnus,
capucin, qui a écrit en Pologne sur le même sujet.

Mais trouviez-vous en lui sujet de croire qu'il fût
si peu intelligent, que de ne pas connaître l'artifice
de votre civilité à contretemps, et lieu d'espérer qu'il
pût en être persuadé, après que la tissure entière de
votre livret a fait si clairement voir que c'est lui et
non autre que vous avez voulu provoquer, après que
vous avez employé tout ce que vous avez d'industrie
pour tâcher à détruire les huit expériences qu'il a
faites ; et qu'après votre prétendue destruction de ces
huit expériences, vous avez mis fin et terminé votre
livre sans plus traiter d'autres matières ? Trouvez-
vous que la charité soit plus offensée en la personne
de mon fils qu'en celle du Père Valerianus, qui peut-
être ne vous vit jamais, ni jamais n'ouïra parler de
vous ? Et trouvez-vous que l'offense que vous avez
commise (car enfin vous avouez d'avoir piqué et provoqué) soit légitimement excusée par l'accusation
que de votre propre mouvement vous faites contre
vous-même d'avoir offensé le Père Valerianus ? Non,
mon Père, ne vous abusez point ; on voit votre intention à découvert : vous avez pensé que ce ne vous
serait pas peu de gloire de tâcher seulement, sans
y parvenir, à détruire des expériences qui avaient
été par tant d'honnêtes gens jugées dignes d'être
considérées ; et n'avez pas estimé de vous être digne-

ment acquitté de votre tâche, si vous ne traitiez du
haut en bas, et, qui plus est, injurieusement, et les
expériences, et celui qui les a produites, et tous ceux
qui les ont considérées, en les produisant à Son Altesse comme ridicules, fausses et mal entendues.
Vous vous êtes imaginé que Son Altesse jugerait par
la hardiesse de votre procédure et du ton que vous
avez pris, que vous étiez l'oracle à qui l'on doit avoir
recours en ces matières ; car à moins que cela, vous
n'auriez pas eu l'assurance de démentir, par une
liberté qui ne vous appartient pas, les yeux et le jugement de tous les curieux et savants de Paris, qui
ont vu et passé tant de fois par l'examen de leur
raisonnement des choses que, par trop de chaleur et
de précipitation, vous avez osé appeler fausses et mal
entendues. Mais quoi que vous en ayez dit dans votre
Epître, le lecteur de votre livret entier ne peut s'assurer et demeure en suspens de votre jugement propre ;
il a peine à le découvrir, car, d'un côté, dit-il, si le
Père Noël jugeait en soi-même ces expériences aussi
ridicules, fausses et mal entendues, comme il nous l'a
voulu faire croire dans son Epître dédicatoire, pourquoi dans tout son livret a-t-il employé toute son
industrie et toute la capacité que Dieu lui a donnée
à les réfuter toutes l'une après l'autre si sérieusement ? et pourquoi n'a-t-il pas essayé à les faire paraître telles, lorsqu'il travaillait de propos délibéré
à cette réfutation ? Et, d'autre part, si le Père Noël

a jugé en soi-même que ces expériences fussent considérables et dignes d'une si sérieuse réfutation, pourquoi dans son Epître a-t-il voulu les faire passer pour ridicules, fausses et mal entendues ? et pourquoi leur a-t-il donné toutes ces fameuses épithètes en un lieu qui n'était pas destiné à leur réfutation ?

C'est à vous, mon Père, d'éclaircir le lecteur sur ce douté ; mais, en attendant, vous me permettrez de vous dire que ces expériences, si fausses, si mal entendues et si ridicules que vous ayez voulu les figurer, vous ont désarçonné, c'est-à-dire, sans plus allégoriser, contraint de sortir hors de l'Ecole et de la philosophie que l'on enseigne dans le Collège de Clermont ; vous l'avez trouvée dans l'impuissance de pouvoir résoudre les conséquences nécessaires de ces ridicules expériences ; il a fallu avoir recours à des forces étrangères. Il faut avouer que vous avez de fidèles amis, car, en très peu de temps, vous avez tiré secours de bien loin. On a vu, en très peu de temps, venir à votre assistance la sphère de feu d'Aristote, la matière subtile de Monsieur Descartes, la matière ignée, l'Æther, les esprits solaires et la légèreté mouvante. Voilà bien des puissances qui viennent à votre assistance, desquelles, si vous en étiez pris à serment, je m'assure que vous n'oseriez affirmer en connaître une seule. Il faut assurément que vous ne soyez pas de ces humains défiants, qui ne prennent confiance en qui que ce soit, vu que vous vous êtes jeté ainsi aveuglément entre les bras d'un secours inconnu. Je ne sais pourquoi vous n'avez pas voulu dire dans votre imprimé que cette matière subtile soit de l'invention de Monsieur Descartes ; je ne sais si c'est afin que quelqu'un se pût imaginer que vous en étiez l'auteur, ou si vous avez voulu, par cette dissimulation affectée du nom de Monsieur Descartes, persuader à tous ceux qui liront votre livret que cette matière subtile n'est pas une chose nouvellement inventée. Quoi qu'il en soit, vous avez : premièrement fort confusément (peut-être pour faire dire que vos pensées sont détachées de celles et d'Aristote et de Monsieur Descartes et de qui que ce soit), fort artistement mélangé la sphère du feu avec la matière subtile et la matière ignée. En second lieu, vous avez encore plus industrieusement mélangé ce mélange avec un autre mélange que vous avez composé de l'Æther et des esprits solaires. En troisième lieu, vous avez, à tous ces mélanges, ajouté une certaine qualité merveilleuse que vous appelez légèreté mouvante (je ne sais si elle n'est pas de votre invention), à laquelle vous attribuez la puissance de soutenir et suspendre, par sa propre vertu, les corps les plus pesants ; tellement que, pour vous débrouiller des conséquences de ces expériences puériles, vous avez été contraint de brouiller toutes ces substances inconnues à vous-même par une qualité miraculeuse. Après cela, mon Père, je vous conjure de nous dire

par quel droit vous avez pris la liberté de publier
que ces expériences étaient mal reconnues et encore
plus mal avérées, et de tâcher ainsi à faire passer celui
qui les a produites pour tout autre chose qu'il n'est
très assurément. Est-ce par le droit de votre âge ou
de votre condition, que vous avez pris la liberté d'invectiver ainsi ? Si vous avez cru que ces choses aient
été assez puissantes pour vous en donner l'autorité,
votre imagination vous a fait malheureusement chop-
per contre la maxime générale de la société civile,
qui veut qu'il n'y ait point d'autorité d'âge, point de
condition, point de robe, point de magistrature, point
d'érudition, point de vertu qui nous puisse donner
la liberté d'invectiver contre qui que ce soit ; et
quand même nous avons été si malheureux que
d'avoir été provoqués par invectives, la même loi ne
trouve pas qu'il soit contre les bonnes mœurs de les
repousser contre les auteurs publiquement, si l'invective est publique ; mais elle ne nous permet jamais de nous servir d'injures réciproques. Et certainement, quand vous aurez sérieusement examiné
ce que c'est que le style d'invective, vous trouverez
qu'il n'est ni fort, ni persuadant, ni charitable, ni
propre pour acquérir la gloire qu'on se propose pour
fin. Et quelle gloire peut un homme d'honneur prétendre de l'art d'invectiver, qui, de soi-même, n'est
rien qu'une pure faiblesse, et tellement naturelle à
l'homme, que tant s'en faut qu'il ait besoin d'étude
pour y devenir docte, il lui en faut, au contraire,

beaucoup pour y devenir ignorant ; et toutefois si
facile qu'il soit, et quelque application qu'y puisse
faire un honnête homme, le plus haut degré d'honneur où il puisse aspirer est de parvenir à celle de
pouvoir un jour prêter le collet à la plus faible éco-
lière de la moins éloquente harengère de la halle !

Vous voyez, mon Père, que j'ai moi-même très
soigneusement pratiqué cette maxime générale de la
société, que je me suis contenté, en repoussant vos
invectives, de vous faire voir que vous les avez entrelacées dans les figures de rhétorique qui ne sont
pas dans des règles de la grammaire, afin que de
toutes ces choses vous puissiez recueillir que nous
n'avons, grâce à Dieu, aucun sujet de nous plaindre
de l'effet du mépris et du traitement injurieux que
vous avez, sans aucun sujet, voulu rendre à une
personne qui ne pensait point à vous quand vous
avez le premier recherché sa connaissance, et qui
avait de sa part, par toutes les civilités et reconnais-
sances imaginables, cultivé cet honneur. Mais j'ai
fait tout cela sans invectiver, et sans vous rendre
injure pour injure. Après cela, mon Père, j'ose vous
supplier très humblement de vous en abstenir désormais, si vous avez dessein de continuer avec mon
fils ou avec moi l'honneur de vos communications :
autrement je proteste devant Dieu de supporter et
oublier nous-mêmes toutes les injures dont une mauvaise inclination ou un mauvais conseil pourraient

vous rendre capable, en vous montrant, à la face de toute la France, l'exemple de la modestie, que vous devriez nous avoir enseigné.

J'attends, mon Père, cette grâce de vous ; et sur cette espérance, je ne veux plus me ressouvenir de dérision, ni d'allégorie, ni d'invective, ni de tout ce qui tient ou de ce qui approche de ce malheureux nom d'injure. Laissez, s'il vous plaît, ces façons d'écrire ou de parler à ceux à qui Dieu a donné moins de lumière ; ou plutôt, par raisons et corrections fraternelles, s'il y échet, et surtout par notre propre exemple, s'il nous est possible, bannissons-les du monde.

III

De Descartes a Carcavi [1]

A Monsieur de Carcavi. Le 11 Juin 1649.

Je vous suis très obligé de l'offre qu'il vous a plu me faire de l'honneur de votre correspondance, touchant ce qui concerne les bonnes Lettres ; et je la reçois comme une faveur que je tâcherai de mériter par tous les services que je serai capable de vous rendre. J'avais cet avantage, pendant la vie du bon Père Mersenne, que bien que je ne m'enquisse jamais d'aucune chose, je ne laissais pas d'être averti soigneusement de tout ce qui se passait entre les doctes ; en sorte que s'il me faisait quelquefois des questions, il m'en payait fort libéralement les réponses, en me donnant avis de toutes les expériences que lui ou d'autres avaient faites, de toutes les rares inventions qu'on avait trouvées ou cherchées, de tous les livres nouveaux qui étaient en quelque estime, et enfin de toutes les controverses qui étaient entre les savants. Je craindrais de me rendre importun, si je vous demandais toutes ces choses ensemble ; mais je me promets que vous n'aurez pas désagréable que je

1. Publiée dans les Lettres de M. Descartes, tome III, 1667, p. 437.

vous prie de m'apprendre le succès d'une expérience qu'on m'a dit que Monsieur Pascal avait faite ou fait faire sur les montagnes d'Auvergne, pour savoir si le vif-argent monte plus haut dans le tuyau étant au pied de la montagne, et de combien il monte plus haut qu'au-dessus. J'aurais droit d'attendre cela de lui plutôt que de vous, parce que c'est moi qui l'ai avisé, il y a deux ans, de faire cette expérience, et qui l'ai assuré que, bien que je ne l'eusse pas faite, je ne doutais point du succès. Mais, parce qu'il est ami de Monsieur Roberval[1], qui fait profession de n'être pas le mien, et que j'ai déjà vu qu'il a tâché d'attaquer ma matière subtile dans un certain imprimé de deux ou trois pages, j'ai sujet de croire qu'il suit les passions de son ami, lequel ne fait aucunement paraître, par ce que vous m'avez envoyé de sa part, qu'il sache la solution de la difficulté de M. de Fermat touchant les équations entre cinq et six termes incommensurables...

1. Roberval était, depuis 1638, l'adversaire obstiné de Descartes, parce que celui-ci n'avait paru faire que peu de cas de ses travaux sur l'aire de la cycloïde.

IV

DE DESCARTES A CARCAVI [1]

A Monsieur de Carcavi. A la Haye, le 17 Août 1649.

Monsieur,

Je vous suis très obligé de la peine que vous avez prise de m'écrire le succès de l'expérience de Monsieur Pascal touchant le vif-argent, qui monte moins dans un tuyau qui est sur une montagne, que dans celui qui est dans un lieu plus bas. J'avais quelque intérêt de la savoir, à cause que c'est moi qui l'avais prié il y a deux ans de la vouloir faire, et je l'avais assuré du succès comme étant entièrement conforme à mes Principes, sans quoi il n'eût eu garde d'y penser, à cause qu'il était d'opinion contraire. Et pour ce qu'il m'a ci-devant envoyé un petit imprimé, où il décrivait ses premières expériences touchant le vide, et promettait de réfuter ma matière subtile, si vous le voyez, je serais bien aise qu'il sût que j'attends encore cette réfutation, et que je la recevrai en très bonne part, comme j'ai toujours reçu les objections qui m'ont été faites sans calomnie...

1. Publiée dans les *Lettres de M. Descartes*, tome III, 1667, p. 443.

V

De Fermat a Carcavi

Monsieur,

J'ai été ravi d'avoir eu des sentiments conformes à ceux de M. Pascal, car j'estime infiniment son génie et je le crois très capable de venir à bout de tout ce qu'il entreprendra. L'amitié qu'il m'offre m'est si chère et si considérable, que je crois ne devoir point faire difficulté d'en faire quelque usage en l'impression de mes Traités.

Si cela ne vous choquait point, vous pourriez tous deux procurer cette impression, de laquelle je consens que vous soyez les maîtres ; vous pourriez éclaircir ou augmenter ce qui semble trop concis, et me décharger d'un soin que mes occupations m'empêchent de prendre. Je désire même que cet ouvrage paraisse sans mon nom, vous remettant, à cela près, le choix de toutes les désignations qui pourront marquer le nom de l'auteur, que vous qualifierez votre ami.

Voici le biais que j'ai imaginé pour la seconde partie, qui contiendra mes inventions pour les nombres. C'est un travail qui n'est encore qu'une idée, et que je n'aurais pas le loisir de coucher au long sur le papier ; mais j'enverrai succinctement à

M. Pascal tous mes principes et mes premières démonstrations, de quoi je vous réponds à l'avance qu'il tirera des choses non seulement nouvelles et jusqu'ici inconnues, mais encore surprenantes.

Si vous joignez votre travail avec le sien, tout pourra succéder et s'achever dans peu de temps, et cependant on pourra mettre au jour la première partie, que vous avez en votre pouvoir.

Si M. Pascal goûte mon ouverture, qui est principalement fondée sur la grande estime que je fais de son génie, de son savoir et de son esprit, je commencerai d'abord à vous faire part de mes inventions numériques.

Adieu, je suis, votre...

FERMAT.

A Toulouse, ce 9 Août 1654.

TABLE DES MATIÈRES

APPENDICE

:: ACHEVÉ D'IMPRIMER ::
PAR GEORGES SUPOT, IMPRIMEUR A ALENÇON
LE XXV OCTOBRE MCMXXII

www.ingramcontent.com/pod-product-compliance
Lightning Source LLC
LaVergne TN
LVHW050300060726
842525LV00002B/359